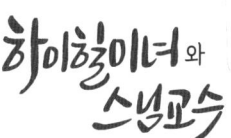

방 민 수필선집 ①

하이힐이녀와 스님교수

초판 인쇄 2023년 7월 19일
초판 발행 2023년 7월 24일

지은이 방 민
펴낸이 방인태
펴낸곳 에세이아카데미

출판등록 2019년 2월 14일 제2019-000024호
주 소 01024 서울특별시 강북구 인수봉로 55가길, 16-20(수유동)
전 화 010-8886-1491
이메일 hongsan1305@naver.com
ⓒ 2023 방 민
값 14,000원
ISBN 979-11-967770-8-1 03810

*이 책의 저작권은 저자에게 있습니다. 저자 허락 없이 무단 전재 및 복제를 금합니다.
*잘못된 책은 바꿔드립니다.

이 도서의 국립중앙도서관 출판 시 도서목록(CIP)은
서지정보유통지원시스템 홈페이지(http://seoji.nl.go.kr)와
국가자료공동목록시스템(http://www.nl.go.kr/kolisnet)에서 이용하실 수 있습니다.

▶에세이문고 4

하이힐미녀와 스님교수

방민 수필선집 ①

에세이아카데미

서문

선집을 내며

첫 선집을 펴낸다. 2013년 등단 후 6권을 발간했다. 이 중 《방교수 스님이 되다》(2014)에서 26편, 《미녀는 하이힐을 신는다》(2015)에서 27편을 가려냈다. 교수로 지내며 겪었던 일과 여성관을 쓴 것들이다. 남자 교수로 살아온 한 인간의 내면 의식과 외적 행위를 드러내기다. 말하자면 어느 존재의 삶 양태다.

다른 작가 선집을 마뜩하지 않게 보았다. 흥미가 떨어지는 재방송처럼 느껴져 내지 않겠다고 다짐했다. 그런데 책을 여러 권 내다보니 이전 발표한 글에서 문제가 보였다. 이문열 소설 주인공 '고죽'처럼 자기 글씨를 모두 회수해 없앨 수는 없고, 고쳐 다시 내놓는 게 독자에 대한 최소한 도리라는 생각이 들었다.

어떤 글도 완벽할 수 없다. 이러한데 수필이 어찌 예술이 될 수 있는가? 문학이 예술은 아니나 예술성은 필요하다.

인생을 인공으로 조작할 수 없듯 예술처럼 인생을 살 수도 없다. 작가 인생이 가장 숨김없이 드러나는 수필은 더더욱 그러하다. 여타 예술은 실험할 수도 있고 실패하면 재생도 가능하다. 반면 우리 인생은 실험할 수도 재생할 수도 없지 않은가.

여기 선집에 실은 글은 제목을 바꾸기도 했고, 문장을 들어내거나 더 넣기도 했다. 그대로 실은 글은 한 편도 없다. 그래도 미흡한 것은 필자 한계라 감수하는 수밖에 없겠다. 독자 판정에 맡길 수밖에. 다만 처음 시도하는 전작前作의 선집 작업이 이번으로 끝이길 바란다. 앞으로는 불량 글을 산출하지 않기만을 바랄 뿐.

2023년 한여름, 一東齋에서

▶차례

서문 • 4

1장 숏다리 설움

스님이 되다 • 12
교수로 살기 • 17
교수 직업병 • 25
청소 팔자 • 30
계란찜 희망가 • 35
숏다리 설움 • 39
겨울 산에서 • 43
화계사 국수 • 48

2장 고추 이야기

미녀는 하이힐을 신는다 • 54
조개 이야기 • 59
가방과 여인 • 66
임자는 따로 있나? • 71
여성시대 • 75
고추 이야기 • 80
첫사랑 • 85
아름다운 손 • 88
사랑은 아무나 하나 • 93

3장 잉크와 인생

콧수염 변명 • 98
머리칼 비밀 • 102
잉크와 인생 • 107
샛길이 좋다 • 111
삼백 원 • 114
주인님 시중 • 118
물레방아만 도나 • 122
미아삼거리 • 127
그것이 궁금하다 • 132

4장 육십은 꽃띠

미녀 사랑법 • 138
명품이 어때서 • 143
머리칼에 부는 바람 • 148
전화 목소리 • 154
가방 여행 • 157
치마는 어떨지 • 160
엘리베이터에서 • 165
육십은 꽃띠 • 169
넥타이 풀기 • 174
썰매의 강 • 178

5장 죄와 벌

마누라는 없다 • 184
사기 공범 • 188
우산을 주워보니 • 193
죄와 벌 • 197
상대성이론 • 201
영역 지키기 • 206
이상한 사람 • 210
인생 공방전 • 214
편견에 대해 • 218

6장 청춘을 돌려다오

여인 향기 • 224
남자의 바람기 • 230
애연가를 위하여 • 233
청춘을 돌려다오 • 237
새벽이 좋다 • 241
이발소 • 245
으악새 슬피 우니 • 250
퇴짜 맞다 • 255

1장 숏다리 설움

스님이 되다
교수로 살기
교수 직업병
청소 팔자
계란찜 희망가
숏다리 설움
겨울 산에서
화계사 국수

스님이 되다

 설악산 단풍에 끌려 나선 길, 동서울터미널에서 백담사행 버스를 탔다. 새벽이라 두어 시간 남짓 걸려 용대리 입구에 내렸다. 걸어가는 길에 서리가 내리고 초겨울 빛이 보였다. 옷깃을 꼭 여미고 걸음을 재촉했다. 멀리 보이는 설악의 품은 반갑게 안아 줄 것같이 넉넉했다. 백담사행 마을버스 승객들은 단풍과 계곡을 보면서 좌석 여기저기 찬탄의 소리를 연신 던졌다. 계곡 물속 고기가 놀라 찰방거리는 게 보이는 듯했다. 사람과 물고기 인연치고는 너무 수선스러웠다.
 백담사에서 한 시간여 숲길을 걸어 영시암을 만났다. 등산객에게 국수 한 그릇을 보시했다. 다리쉼을 하며 맛보는 산중 음식은 중생의 피로를 녹였다. 새로 채운 기운에 주머니에 갇힌 한 푼 번뇌를 시주하고 다시 산길에 올랐다. 수렴동 계곡 양편 숲의 다채롭고 화려한 풍광이 발길을 붙잡으니 다리 고행이 조금은 위로가 되었다. 봉정암까지 다섯 시간 예정인데 걸음이 자꾸만 처졌다. 해 지기 전에 그곳에 도착해야 저녁 공양도 하고 예약한 그곳에서 쉴 수 있다. 발은 쉬자 하고 마음은 가자 하니 양자 타협이 갈수록 힘에 부쳤다. 어느덧 부처바위가 고개 너머에서 손짓했다. 바위에 닿는 석양 눈길이 한결 자애로운 미소로 빛났다.

산사 하룻밤은 그리 낭만적이지 않다. 고즈넉한 산사 정취는 찾기 어렵다. 오히려 수백 명이 묵는 기도 도량은 산속 도시만 같다. 공양 때는 길게 줄지어 기다리고 미역국 한 그릇에 밥 한 덩이, 그 위에 얹은 오이무침 몇 개가 전부. 길게 놓인 나무 의자에 앉는 것도 눈치 빠른 사람 차지이고 벽에 기대거나 서서 어두워지는 주변을 곁눈질하며 부지런히 입으로 나른다. 공양 그릇도 각자 씻어야 하니 줄 서는 것은 밥을 탈 때만이 아니다. 이곳은 남녀가 따로 없고 귀천과 미추가 분간 안 되는 부처님 품 안의 동등한 중생일 뿐이다. 인연 따라 만났을까 우연히 함께한 걸까.

잠자리는 더욱 특별하다. 폭 한 자 길이 넉 자 정도만 몸을 누일 수 있는 공간이다. 발이 서로 엇갈리게 옆으로 누워서 몸끼리 깊이 접촉해야 잠을 청할 수 있다. 집 잠자리에 비하랴만, 그래도 산중 침낭 속에서 자는 것보다 포근하고 아늑하다. 하나둘 자리를 채우더니 이곳을 찾아온 사연이나 그간 살아온 인생을 여기저기서 꺼내 놓는다. 땀에 전 몸에서 나온 냄새와 함께 방 안을 휘돈다. 세면장이 있어도 산을 오르며 덮고 낀 속진을 충분히 벗겨낼 수 없다. 가을이지만 산사 물이 차가워 잠시 흉내만 내거나 포기하고 견딘다. 여기서 참아야 할 게 어찌 이뿐이겠는가. 기도하러 들락거리는 불자, 볼일 보러 오가는 중생, 밤새 이런 소음은 고단한 몸의 숙면을 방해하지만 그래도 여기저기서 코 고는 소리가 들린다. 하룻밤 시간일지라도 잠시 구도자 길을 동행하는 심정이다. 우연히 밤을 한자리에서 보낸 사람인데 불가에 따르면 보통 인연은 아닌 셈.

  몇백 명이 몰리는 곳에 인간의 생리적 고통이 없을까. 이를 해결하는 곳인 해우소解憂所, 산사라고 다를까 남녀평등을 고수하여 변기 숫자도 아마 동등하겠지. 이곳 기도객 팔구 할은 여자라 때를 잘 만나지 못하면 줄을 길게 늘어서야 하는 것은 다반사요, 당연지사다. 그런 장면을 마주할 때는 안쓰럽기만 하다. 그러나 어쩌랴, 산중에서도 남녀 유별하여 그저 동정하는 마음으로 바라보는 수밖에 다른 도리는 없다.

 문제는 하룻밤을 보낸 뒤 아침이다. 새벽부터 해우소 줄은 가을철 운동회 만국기처럼 각각 표정으로 줄지어 펄럭이며 종종거린다. 밤에 자면서 묵혀 두었던 근심덩어리는 맹렬히 해방을 외쳐대니 그들 아우성을 감내하기 힘들 게다. 너나 할 것 없이 일어나면 해우소로 향하는 일은 자연스럽다. 별난 인연 속에 하룻밤을 보냈으나 배설 순리에 순종해야 할 터. 나 역시 그곳을 방문할밖에, 그러나 순간 줄이 없다. 남자가 이용하는 곳으로 향하는 쪽에도 여자들이 늘어서 있다. 이게 어찌 된 일인가, 그럼 어디서 근심을 털어야 하나. 눈으로 한순간에 파악한 난감한 현실 앞에 갑자기 뱃속 덩어리는 외부의 수상한 낌새를 알아챘는지 재촉 발길과 아우성이 더 드높아간다. 잠시 그 곤혹스러운 장면을 바라보고 있자니, 남자용 앞에 서 있던 어느 여자가 불쑥 한마디 던진다.

 "남자분은 스님용을 쓰세요!"

 "아, 예. 그래도 되나요?"

 잠시 머뭇대다 여자들 줄을 지나쳐 스님 전용 해우소로 발길을 돌린다. '일반 신도 사용 금지, 스님 전용'의 글귀도 선명한 쪽문을 열고 해우소로 들어선다. 이 문을 들어서기 전엔 공양하였고, 절집에서 하룻밤을 묵었으나 여전히 미숙한 속인. 그렇지만 스님만 머무를 수 있는 '스님 전용' 공간에 떡하니 두 발을 딛고 앉아있으면 바로 산중 스님 아닌가. 처소와 음식에 해우까지 삼행일체. 스님이 되어버린 셈이라 할까.

그럼 스님이 되었으니 해우만 할 게 아니라 본업인 수행에 나서 본다. 우선 화두를 정해보자. 찾아보려고 힘을 쓰다가 그만 화두를 풍덩 몸 밖으로 털어낸다. 다시 열중하면서 화두를 잡으려 하였으나 어느새 평안해진 신체는 다리를 일으켜 세운다. 해우소를 나왔으나 아직 화두는 번뇌 안갯속을 소요 중이다. 어떻게 되어 본 스님인데…. 벼랑 위 부처바위가 지긋이 내려다본다. 단풍이나 구경하며 내려가라고 재촉하는 눈짓일까, 나무가 일순 바람에 흔들린다. 걸음을 떼자 어디선지 범종 소리가 들리는 듯하다. 하찮은 중생 삶이라도 충실해라 달래는 소리만 같다. 대청봉 너머로 해가 솟는다. 인생은 우연인가 인연인가 어려운 숙제만 배낭에 달고 하산한다.

교수로 살기

대학교수가 하는 일은 대략 세 가지. 직업으로서 하는 일은 연구와 강의 그리고 봉사다. 이 세 항목은 교수 활동을 평가하는 항목이기도 하다. 교수에 따라서 우선순위와 비중이 다를 수는 있지만 교수라면 이 셋을 저버릴 수 없다. 이렇게 활동하면서 교수로 살아간다. 그중에서도 연구는 교수 핵심이다. 교수마다 전공하는 분야에 따른 연구를 하지 않으면 교수 역할을 충실하게 수행하는 게 아니다.

다음은 연구한 내용을 중심으로 학생을 가르치는 일, 강의다. 내용과 방법은 초중고 교사와 조금 다를지라도 강의하는 일로만 보면 크게 다르지 않다. 그래서 교사도 연구하여 대학교수로 진출하는 일이 많고 나도 그렇게 교수가 되었다. 동종 업종 발전이라 보아도 된다. 교사 경력 없이 대학으로 바로 진입하는 경우가 있지만 교육 성과를 보면 교사 경력을 갖춘 교수보다 지도력이 부족한 듯 보인다. 물론 예외도 있다.

끝으로 사회봉사다. 교수로서 연구하고 강의한 전문 지식과 경험을 사회 유관 부문에 전환하는 일로 장려할 일이다. 봉사의 참된 가치는 자원봉사 즉 무료 봉사다. 이런 활동이 참여하는 교수나, 지원받는 쪽에서 사적 이익이나 이용 가치를 높이려고 무리하면 소위 폴리페서나 에코페서가 된다. 교수 직업을 바탕으로 정치 욕망이나 경제 이득을 취하려고 본업인 교수 활동, 연구와 강의에 소홀하면 이렇게 우려 섞인 명칭으로 불리며 조롱도 당한다. 진실한 교수라면 이를 정말 경계할 일이다.

교수라는 신분은 우리 사회에서 이중 모습으로 당혹하게 하는 경우가 많다. 자본주의사회에서는 신분과 경제생활이 얼마쯤 호응하는 걸로 일반인은 인식한다. 그런 면에서 국립대학 교수들은 대체로 불만이다. 사회에서 인식하는 만큼 경제 수준에 미치지 못한다. 기준에 따라 다르나 초중고 교사보다 많지 않은 수입으로 그 이상 지출을 해야 하는 경우가 더욱 많다. 배우자와 맞벌이하는 경우는 조금 사정이 낫지만 그렇지 못한 교수는 사회 눈길과 실제 차이나 이를 견디어 내는 것을 적잖이 힘들어한다.

교수로 살면서 주로 만나는 대상이 학생이다. 학생은 교수 강의를 수강하고 그 결과로 학점을 받는다. 그들은 강의 시간에 참석하고 필요한 과제나 부과하는 시험을 보고 학점을 받는다. 이 과정에서 학생 이름도 알게 되고 낯도 익힌다. 일주일에 한 번 두세 시간 학점 수에 따라 서로 만나고 학기가 끝나 학점을 주고받으며 일차 관계는 끊어진다. 공식 관계가 끝나도 학내에서 또는 학교 근처에서 마주치는 기회가 더러 있다. 이럴 때 어느 학생은 얼굴을 알고 간혹 이름도 기억하는데 나를 외면하고 가는 학생이 있다. 그는 수강한 학생으로서 나에게 예의로 인사하지도 않는다. 강의 중 무언가 불쾌한 일이거나 불만스러운 일이 있어, 관계가 끝난 뒤에 과거 인연을 부인하는 셈이다.

나를 합리화하면 이렇다. 그가 원하는 것은 좋은 학점 소위 A 학점이다. 우리 학교는 상대평가로 A를 받을 수 있는 경우는 최대 30%다. 그가 만족할 수 있는 등급은 30%이니 남은 70%는 불만인 셈. 이중 불만을 표시하는 학생이 반만 되어도 A로 만족하는 학생 숫자보다 많다. 강의 끝난 뒤 길에서 만나는 학생 중 여럿이 나를 외면하는 이유다. 학기 중엔 다수 학생이 아주 반갑게 인사하는데 강의가 끝나면 확연히 달라지는 것을 보면 분명하다. 돌아보건대 그 학생에 대해 유달리 잘 대해 준 것은 없어도, 특별히 불쾌하고 불만스럽게 한 기억도 없는데 그런 행동을 보게 되니 마음이 불편하다. 학점은 강의 출석, 제출한 과제 평정, 시험 성적 점수 등의 종합 판정이다. 각각 수치를 모아 합산하고 순서대로 정렬한 뒤 제도로 정해진 상대평가 제한 인원에 따라 교수는 부여할 뿐이다. 왜 교수에게 자기 결과를 책임 지워 만족하지 못할 학점 취득에 대한 불만을 표시한단 말인가?

우리 대학은 비교적 우수한 상위 수준 학생이 많다. 고교 시기는 학급이 아니라 전교에서 최우수 등급을 다투던 학생들인데, 막상 대학에 와 학점을 받아보니 그렇지 않아 적응이 안 되는 모양인지도 모른다. 교수는 강의하고 결과에 따라 학점을 매긴 것뿐인데 학생에게 외면받는 경우라 사실 불편하다. 그래서 강의 첫 시간에 그러한 사정을 말하고 이해시켜도 끝나면 별로 달라지지 않는다. 강의 자체에 무슨 문제가 있는지 곰곰이 따져 봐도 잘 모르겠다. 최상 강의라 할 수 없듯 역시 최하 강의도 아닐 터라 내 문제가 아닌 학생 문제 같기만 하다.

강사 시절이 떠오른다. 그 시절 학생과 관계는 좀 모호하다. 강의하니 교수라 불리기는 하면서도 강의 시간 외에는 별달리 그들과 관계 맺기가 어렵다. 나는 그저 학점 주는 사람이고 그들은 학점 받는 학생일 뿐이다. 교수가 되었어도 이 관계는 본질 면에서 별다른 변화는 없다. 그들이 학점과 관련하여 취하는 태도는 여럿이다. 그중 기억나는 것은 학점 부여에 인색했던 지난 내 모습이다.

수강생이 집까지 물건을 사 들고 찾아왔다. 강사 연구실이 따로 없으니 그렇게 할 수밖에. 그는 받지 못한 학점을 추가로 달라고 부탁했다. 학생 사정을 들었다. 졸업반이라 취업 관계로 출석하지 못했으나 취업은 하였고, 그 후 결혼 날짜까지 받아 놓은 상태란다. 내 학점을 받아야 졸업하고, 그래야 취업은 물론이고 결혼까지 성사되니 자기 인생, 사람 하나 살려준다 생각하고 학점을 달랬다. 남학생은 군대도 다녀오고 사회 경험도 있어 나이도 적지 않게 보였으나, 수강 등록만 하였고 그를 강의실에서 본 기억도 없다. 출석도 안 하고 다른 학업 활동도 없었으며 시험도 안 보았으니 안 된다고 하였다. 그 학생은 끈질기게 매달렸으나 끝내 거부하였다.

하지만 그와 비슷한 학생이 있었는데 대학 은사님이 강좌를 마련하여 출강하던 곳이었다. 학생 시위가 빈번하고 강하게 벌어지던 1980년대 후반이었다. 그 대학 단골 시위 학생이 내 강좌에 등록하였고 강의는 당연히 시위로 불참하였으니 학점을 줄 수 없었다. 그런데 은사님이 나를 불렀다. 그 학생을 졸업시켜야 시위로 학교가 곤란하지 않으니 학점을 주라고 요구하셨다. 이 건은 저번과 달리 응하였다. 마음엔 내키지 않고 평소 소신에 어긋나지만 굴복하고 말았다.

교수가 되어서도 내 강의 학점은 조금 엄격하였다. 정해진 원칙을 철저히 지키다 보니 학생들로부터 원성을 자주 듣게 되었다. 학점이 시장에서 사고파는 물건도 아닌데 학생들은 가끔 흥정하려 한다. 그것이 잘 통하지 않으면 책임을 모두 교수에게 전가하여 분풀이로 사실과 다른 소문을 퍼뜨린다. 그런 악소문은 불편하다. 대표적인 것이 인터넷에 거짓으로 떠벌리는 거다. 학내 홈피에 자기 잘못은 전혀 언급하지 않은 채 일방으로 교수만의 문제로 비난한다. 그중에는 사실과 다른 조작도 있고, 혹간 자신만의 상상으로 과장하거나 왜곡하기도 한다. 그러면 또 다른 학생들이 사실 여부는 확인하지도 않고 비난 일색으로 댓글을 단다. 아주 험한 말이 익명이란 음습한 어둠 속에서 활개 친다. 이럴 땐 참으로 난처하다. 이것을 견뎌내기가 무척 고통스럽다. 진실과 허위 관계를 확인하지 않고 부화뇌동하는 학생이 더 많다. 이에 대한 교수 방어권은 무력하다. 이것을 감내하며 문제를 시정하기는 참으로 괴롭고 겪어야 할 과정도 매우 힘들다. 이것을 정면으로 대응하기도 하나, 대체로 시간이 지나 잠잠해지기를 기다린다. 어떤 경우라도 마음속 상처는 오래 남는다. 진실이 나중에 밝혀진다 해도 교수 생활하면서 그 아픔을 쉽사리 잊을 수 없다.

  교수로 살아가면서 맞이하는 즐거움이나 기쁨보다 그렇지 못한 경우를 주로 말했다. 세상에 어느 직업이라도 애로 사항은 다 있게 마련이다. 교수직은 선호하는 전문직이지만 이면에 세상에 잘 알려지지 않은 어려움을 얘기하려고 했다. 물론 이 밖에 좋은 점과 아름다운 이야기도 많이 있다. 또 나와 다른 경험을 하면서 아픔 없이 즐거운 교수 생활을 영위하는 분도 있을 것이다. 어쩌면 괜한 응석이고 배부른 푸념인지 모른다. 그런데 분명한 것은 교수로 살아가는 일이 그리 수월하지 않고 교수가 되기 전에는 전혀 상상할 수도 없었다. 이제 와 되돌릴 수 없는 일이니 그저 이렇게라도 하소연하면서 마음을 진정시키려 애쓸 수밖에 없지 않겠나.

교수 직업병

아침마다 사과를 먹는다. 사과 영양가는 아침엔 금이고 점심엔 은이며 저녁엔 동이라는 말이 있다. 이 말을 신뢰하여 아침에 밥 먹는 것처럼 우리 집에서는 사과 먹기가 아주 자연스럽다. 사과를 먹기 위해 깎아야 한다. 껍질째로 먹는 것은 요즘 생태 환경을 고려하면 생각 밖에 있다. 식구 중 누군가는 깎아서 먹을 수 있게 내놓아야 한다. 이 일은 전적으로 오랫동안 내 차지다. 특별히 사과를 잘 깎는다거나 사과와 친하다거나 하는 등, 사과와 관련 없고 아침 시간 사정에 따른 현실 타협 결과다.

아내는 직장에 출근해야 하고 딸과 아들은 학교에 가야 하니 내가 시간 여유가 많다. 물론 나도 직장에 가야 하지만 아내처럼 출근 준비에 많은 시간을 소모하지 않는다. 거기에다 밥상을 아내가 차리느라 바쁜데 사과까지 깎아서 내

놓으랄 염치는 없다. 다른 음식과 달리 그 정도는 충분히 할 수 있는 일, 가사를 돕는다는 차원이 아니라 식구가 먹는 과일을 내놓는다는 것이 더욱 적절한 말일 게다. 아침에 사과 먹는 일은 가족 여행을 떠나서도 별반 예외 없다. 그만큼 사과 깎는 일은 매일 아침 필수 일과다. 그렇게 수년을 지내다 요사이 약간 고민이 생겼다. 사과 껍질이 과육果肉에서 무심코 떨어지다 갑자기 자기 정체에 대해 고민하는 일처럼 새삼스럽다. 그만큼 아주 사소한 곳에서부터 시작하였다.

사과 크기에 따라 네 명이 먹기 위해서는 개수가 달라진다. 크기가 작거나 사과가 많이 나는 계절이고 값이 싸면 두 개씩, 그와 다른 상황이면 한 개씩을 깎게 된다. 대체로 상품商品 사과는 외양이 매끈하고 형태가 고르지만 그렇지 않은 경우도 간혹 있다. 전체 모양이 균형을 못 이루고 찌그러진 경우, 2등분 또는 4등분하게 될 때 부피 차이가 난다. 고민은 여기에서 일어난다. 네 명이니까 1/4씩 먹으면 되는데 크기가 각기 다르다. 각자 몫으로 나누어 포크로 찍어서 건네는 경우도 종종 있는데 그때 부피 차이를 어떻게 처리하는가. 주는 대로 먹는 처지라 식구들은 그런 것에 관심 없다. 그런데 크기 순서를 다 아는 내 처지에서는 간혹 고민스럽다. 부피 1, 2, 3, 4 순위를 어떻게 정할지. 이 순위를 놓고 가끔 갈등에 빠지나 아직도 뚜렷한 해결책이 없다. 여러 가지 안案을 내놓고 검토 중. 첫째는 신체 크기에 따라 정하는 것, 둘째는 연령 고하에 따르는 것, 셋째는 식탁에 오는 도착순에 의하는 것, 넷째는 관심의 경중에 따르는 것, 다섯째는 자유 선택제를 놓고 하나씩 검토에 나선다.

첫째, 몸이 크면 식사량이 많을 것이니 그에 따라 순위를 정하면 된다. 한데 이것은 남녀 차이가 있다. 또한 몸이 크다고 많이 먹는다고 보는 것은 편견일 수 있다. 또 각자 컨디션에 따라 먹는 양이 날마다 다르다. 체중 역순에 의해서 몸이 작으니 더 많이 먹고 성장을 돕게 해야 한다. 아직 아들과 딸은 더 성장할 여지가 많으니 그 점을 고려해서 음식을 제공해야 하기 때문이다. 그렇게 생각하면 이 안도 문제다.

둘째, 연령 고하로 정하는 방식이다. 우리네 전통인 경로사상으로 접근하면 나이가 제일 많은 나는 언제나 1순위이고 막내는 언제나 끝이다. 연령순으로 음식 섭취 순서를 정하는 것은 일리가 있지만 음식량까지 정하는 것은 아무래도 불합리하다. 나이로 정하는 것도 무척 신경 쓸 일이다. 물론 아이들이 출가할 때까지 정하면 되지만 나중에 다시 집에

와 식사하게 될 경우까지 장기 방안으로 볼 때 역시 문제 있다. 나도 지금보다 더 나이 들면 많이 먹는 게 오히려 불편할 때도 올 것이니 이것 또한 항구 방식은 아니다.

셋째, 식탁에 오는 선착순으로 정하는 안이다. 이것은 언제나 내가 일착일 경우가 많다. 아내는 식탁을 준비하느라 매번 제일 늦을 것이 확실하고 딸은 몸 단장하게 되는 경우가 있어 일찍 오기도 어렵다. 집을 나서기 위한 사전 준비가 반드시 일찍 오는 것도 아니어서 들쑥날쑥할 때가 있다. 또 음식을 다 차려놓았으나 누군가 나중에 도달할 수 있고 여러 변수를 생각하면 순위가 바뀔 가능성이 가장 커 전체로 보면 조금 더 공정한 룰rule이 될 수 있다.

넷째, 사과를 깎는 방향타를 내가 쥐고 있어 관심 경중에 따르면 되는 안이다. 아내를 제일 먼저 가족으로 맞아들였으니 일 순위로 치면 되겠다. 그리고 딸과 아들 순으로 정하면 간단하다. 하지만 딸과 아들이 아버지인 내 관심을 더 받을 수는 있겠다. 간밤에 나와 다투거나 안 좋은 일이 있는 다음 날은 아내가 관심 순위에서 밀릴 수 있다. 같은 식으로 딸과 아들이 나와 관계 속에서 언제라도 순위 변동이 가능하다. 그런데 만약 그들이 순위 선정 기준을 알면 어떻게 대처할까에 생각이 미친다. 그러면 그들은 관심과 애정을 끌려고 애를 쓸까, 아니면 방관할까? 과도한 관심을 끌려고 가족 간 경쟁이 치열하면 그도 불편할 것이고 이게 관심 밖 사안이면 그런 기준을 정한 내가 또 무색해질 것이며 아예 먹는 사과에 관심이 없으니 깎는 당신 맘대로 하세요, 그러면 나는 심드렁해질 것 같다.

마지막 내놓을 안은 자유 선택제인데 이건 말이 규칙이지 기준 없는 것이나 마찬가지다. 무한 자유 경쟁도 아니며 그냥 깎아놓고 나만 맘대로 고르고 식탁에 놓아두면 알아서 각자 먹을 것인데 별달리 고민할 것도 없어 가장 현실적 방안이다. 그러면 애초에 고민한 것 자체가 우스워지니 지금껏 골똘히 안을 내놓은 것은 무어란 말인가? 이 문제는 먹을 것을 식구끼리 객관 기준을 정해 공평하게 나누려는 발상이 근본부터 잘못된 것인가? 조금 더 차지하려고 경쟁하는 사회와 달리, 가족은 사랑과 양보로 서로 보듬으며 사는 것인데 내가 너무 그런 현실에 익숙해 쓸데없이 고민한 것인가? 사과 깎다가 괜한 잡념에 빠지지 말고 사과나 제대로 깎을 일이다. 쓰잘머리 없는 일로 아침에 두뇌만 복잡해졌나 보다. 하여간 이것도 교수 직업병인지 모르겠다.

청소 팔자

오늘 연구실을 청소했다. 쌓인 물건을 대강 치우고 비로 쓸고 걸레로 닦았다. 연구실이 조금 정돈되니 마음도 한결 가벼워졌다. 청소하기로 한 학생이 있지만 좀처럼 만나기 어려워 기다리다 못해 손을 보았다. 그러면서 아하! 청소가 내 팔자구나, 라고 그 순간 깨달았다. 마치 봄에 새싹이 밀고 올라오듯 자연스러운 거였다. 왜 청소가 내 팔자란 말인가? 집에서도 청소를 전담(?)하기에 그렇다. 집 안 여러 곳, 방 셋과 거실, 베란다까지도 내 손길이 필요하다. 그러면 가족 없이 혼자 사는 것이 아니고, 모든 공간을 독점해 쓰는 것도 아닌데 왜 혼자만 청소하는가를 골똘히 생각해 보면 팔자구나 하는 게 가장 그럴듯한 답, 합리적 결론이다.

우리 집도 물론 주부가 있다. 주부의 '부' 자는 한자 부婦로 쓴다. 이 글자 어원인즉, 여자가 비와 수건(걸레)을 들고 있는 모습으로 청소하는 뜻이 담긴 글자다. 여기서 알 수 있듯 집 안 여자의 기본 임무는 청소다. 그런데 우리 집은 그렇지 않다. 이유가 있다. 첫째는 아내가 직업이 있기 때문이고 주부로서 다른 일, 음식 장만과 빨래하는 데도 시간이 부족하다. 둘째로 청소는 다른 일에 비해 체력 소모가 큰데 이것을 감당할 절대 체력이 달린다. 셋째는 청소 마인드와 습관 형성이 결핍되어 있다.

  위 요인 중에서도 가장 심각하게 고려해야 할 것은 바로 세 번째 이유다. 집 안 정돈이 안 되고 먼지가 쌓이는 따위 환경에 대해 별로 의식하지 못한다. 청소하는 생활 습관 형성이 안 되었다. 이것은 내림으로 보인다. 처가에 가면 쉬 알 수 있는 것인데 장모가 비질과 걸레질하는 것을 본 적은 거의 없다. 처가 가까이 살아 둘러볼 기회가 자주 있지만 깨끗하게 정돈된 집 안을 보지 못했다. 방이나 마당과 부엌을 보아도 물건이 각각 놓여 있고 제멋대로 쌓여 있다. 물론 공간이 좁고 바쁘게 살다 보면 그럴 수도 있지만 아무래도 너무 지나치다. 그런데 그런 공간에서 만들어내는 음식 맛은 좋으니 별일이다. 너저분한 공간에서도 훌륭한 요리가 가능하다는 것은 불가사의하다. 이 환경에서 아내가 자랐으니 청소에 대한 의식과 습관은 나에게까지 피해가 미친다.

그러나 나에게 피해가 오는 것은 견딜 만하다. 감내해야 할 책임도 있다. 스스로 선택한 결과이니 이제 와 처가 장모께 리콜을 신청할 수도 없고 해 봐도 달라질 게 없으니 그냥 견디고 사는 것이 팔자 아닌가. 문제는 이게 딸과 아들까지 전염시키니 이대로 묵과할 수 없다. 잘못된 청소 습관은 아내에게서 질긴 유전 고리를 끊어내지 않으면 안 된다. 이런 현상이 딸과 아들한테 서서히 나타나고 있는 것에서 문제 심각성이 도사린다. 지금은 할 수 없이 딸 아들 방을 청소해 주고 있지만 점차 그 책임을 이양해야겠다. 가끔 그들에게 청소 훈련을 시키지만 습관화하려면 지금보다 더 자주 청소와 정리를 교육해야 할 터이다. 자기가 쓰는 공간을 스스로 정리하고 깨끗하게 유지하는 것이 세상 살아가는데 중요한 일이라는 것을 의식하고 습관화시키기 위해 나름 목하 고민 중이다.

자라면서 집 안 정돈과 청소에 민감한 누이와 살았다. 누이가 모두 셋인데 그중 막내 누이와 자주 부딪혔다. 유달리 청소와 정리에 민감했다. 집 안 쌓인 먼지를 떨고 통보하지도 않고 자체 판단으로 물건을 내다 버리는 일로 식구들과 자주 분란을 일으켰다. 나도 피해자 중 하나였다. 나로서는 중요하게 여기는 물건-누이가 볼 때는 버릴 쓰레기지만-이 필요해 찾다 보면 없었다. 안타깝게 생각하고 있다가 이리저리 알아보면 그 누이는 아주 심드렁하게 "그거, 내가 버렸는데…"라고 대수롭지 않게 대답했다. 이렇게 되면 한바탕 설전과 심지어는 육탄전이 벌어지기도 했다. 그런다고 버린 물건이 되돌아올 리 없고 결국 분이 덜 풀린 상태로 찬란한 미래 생활(?)을 다짐하는 것으로 끝을 냈다. 어쩌면 의외로 간단한 대응인 셈이지만 더 이상 다른 대책이 없었다.

"나는 누나같이 함부로 물건을 내다 버리는 여자하고는 절대로 안 살 거야." 그런데 지금은 그 어린 시절 다짐대로 함부로 안 버리는 여자 수준을 훨씬 능가해 필요 없는 물건도 쌓아 놓고 먼지가 켜켜이 앉아도 무심한 여자, 정리와 청소와는 담 쌓고 사는 여자와 살고 있으니 팔자 아니고 무엇인가.

청소할 팔자라고 이제야 합리적 결론에 도달했듯 그렇게 어린 시절 청소하는 일이 천성이던 누이는 지금도 그 팔자대로 변함없이 살고 있다. 날마다 식구들과 청소 문제로 갈등을 일으키던 누이가 결혼해 사는 것을 보아도 역시 그것은 못 버리고 산다. 남보다 작은 체구에 힘이 달리면서 지금도 청소로 많은 시간과 정력을 쏟는 것을 보게 된다. 그것이야말로 누이 천성이고, 그 천성에 맞게 살아가는 것 또한 누이 팔자다. 가족에게 불편하게 하든 편리하게 하든 역시 청소는 우리 남매 공동 팔자 아닌가.

계란찜 희망가

 신문에 남자의 은퇴에 관한 기사가 요즘 특히 눈에 띈다. 육이오 전쟁 뒤 출산 붐 시절에 태어난 사람들, 이른바 베이비부머들이 은퇴할 시기가 되어 사회에서 문제가 되었나 보다. 사회생활만 하다 가정이 생활 중심으로 바뀌게 되니 남자가 적응하기 어렵다. 가족과 갈등과 마찰도 일어나니 문제다. 이런 문제를 최소화하기 위해서는 은퇴 전 준비, 나아가 노후 생활을 준비할 필요가 있다고 전문가는 조언한다. 그중 하나는 혼자 살아가는 방법을 익힐 필요가 있다고 권고한다.

 나이가 들면서 아침잠이 자연스레 줄었다. 아마도 살아오면서 신체 진액이 모기에게 여름철 피 빨리듯 털렸나 보다. 모기에게 물린 자국이 남아있다. 그것이 아침잠을 빼앗았다. 빼앗긴 대신 모기가 아침 시간을 주었다. 주고받는 상호

거래가 인생에도 있다는 일은 결코 심상치 않다. 자연 섭리를 떠나 인생 의미를 다시 곰곰이 생각하게 한다. 인생 모기가 삶의 엑기스를 빼앗아 가면서 새벽 시간을 돌려주었다. 한편으로 고마워 그들에게 사례해야 할지도 모른다.

퇴직한 아내는 나와 달리 늦잠 잔다. 한두 시간이나 늦게 일어난다. 하루 시작하는 패턴이 다르니 함께 아침 먹기가 수월하지 않다. 아내에게 맞추기도 어렵다. 나를 바꾸기도 아내 보고 바꾸라 요구하기도 둘 다 마뜩하지 않다. 그대로 순응하는 것이 좋다. 더 이상 이런 일로 다투거나 신경 곤두세울 일이 아니다. 당신은 당신대로 나는 나대로 개별화를 실행하는 게 좋다. 세상 모든 생명체는 각자 고유한 생활 패턴이 있다. 연전에 인도를 여행하면서 깨달았다. 이것을 받아들이면 편안한 일인데 내 기준으로 세상을 끌어가려면 장마철 잡초 자라듯 갈등이 많아진다. 다르게 사는 방법을 찾아야 할 게다.

우선 아침을 차려 먹는 일부터 해결해야 한다. 밥이야 전기밥솥이 해 놓으니 문제가 없다. 밥그릇에 퍼 담으면 된다. 먹을 반찬도 냉장고 안에 보관된 터라 꺼내 놓기만 하면 될 터. 다만 따끈한 특별 요리가 있으면 더 좋겠다 싶어 아주

쉽고 간단한 계란찜 요리를 아내한테 배웠다. 달걀 두 알을 풀어 넣고 적당히 물 부어 저은 뒤 새우젓으로 간을 맞춘다. 거기에 파를 송송 썰어 넣고 고춧가루를 알맞게 뿌려 전자레인지에 넣고 계란찜 요리 표시를 누르면 정확히 4분 30초 뒤에 맛나게 먹을 수 있다.

 혼자 아침 차려 먹기는 노후 준비의 하나요, 시작이다. 혼자 시간을 보낼 줄도 익혀야 한다. 아내와 생체 리듬이 달라 취침과 기상 시간이 다른데 취미와 소일거리가 어찌 같기를 바라겠는가. 사정이 이러하니 대부분 시간을 보낼 혼자만의 요령을 익혀두면 좋겠다. 홀로 가까운 둘레길을 돌거나 뒷산에 가는 것도 익혀야 한다. 가끔 동행할 수도 있지만 주요 활동 시간대가 다르고, 체력과 보속步速이 상이해서 그것도 맞추기 쉽지 않다. 산길을 휘적휘적 걸으며 지나온 인생길을 반추하거나 생각을 풀어 놓아두기 좋다. 그러면 생각은 이리저리 자유롭게 발길 닿는 대로 오르락내리락하며 혼자 돌아다니다가 다시 나를 만난다. 산길에서 스치며 가볍게 인사하는 낯선 이처럼 그 생각과 슬며시 조우하고 하산하면 될 일, 혼자만의 산행 방법이자 또 다른 노후 대책 아닌가.

 어찌 노후 준비할 것이 요리와 소일거리만인가. 남은 인생을 어떤 그림을 그리며 살아갈 것인지 생각하기에 따라 준비할 것이 다르다. 누구나 건강하게 오래오래 살고자 하는 게 간절한 목표이고, 그 밖에 각자 살아온 경로마다 무척 다양한 스펙트럼을 보인다. 이것을 이루기 위해 또 준비해야 할 것이 얼마나 다채로울까. 그렇다고 원하는 대로 모든 것을 갖출 수는 없을 테고. 가능한 것부터 하나씩 마련해 가며 다가오는 노후를 맞이할 수밖에. 그중 먹거리 해결을 위해 단순한 요리인 계란찜을 먼저 배웠다. 이것도 물의 양과 새우젓 간 정도와 파와 고춧가루를 넣는 분량에 대한 감각도 아직 정련되지 못해 할 때마다 맛이 다르고 찜 상태가 각색이다. 그렇긴 해도 준비할 수 있는 요리가 하나쯤 있다는 건 괜찮은 노후 대비라고 자위한다. 어찌 출발부터 완벽할 수 있는가. 출발이 미약하지만 결말은 창대昌大하다면 얼마나 좋겠는가. 야심 찬 희망을 가슴에 품고 계란 풀어 휘젓는 아침이다.

숏다리 설움

어려서부터 키가 작았다. 또래 중 나보다 작은 애는 보기 어려웠다. 키 순서로 번호를 정하는 중·고등학교 때는 어느 반에서나 항상 1번이었다. 그렇게 6년을 보냈다. 학창 시절이란 자기 신체에 관해 가장 민감하게 반응하는 시기였다. 당시엔 두발 규정도 까다로웠다. 누구나 짧게 머리를 깎고 다녀야 했고 단속도 무척 심했다. 물론 교복을 입고 다녔지만, 당시 급우들은 그런 중에도 머리를 조금 길게 기르고 교복도 특별하게 모양을 내면서 다녔다. 단속하는 교사와 숨바꼭질하면서 내심 즐기는 것 같았다. 그런데 나는 그렇게 할 수 없었다. 키 작은 것이 그런 엄두를 못 내게 하였다. 그런 식으로 소년기와 사춘기는 흘러갔다.

청년기가 되면서 작은 키 콤플렉스에서 어느 만큼 벗어났고 아울러 그에 대한 적응력이 생겼다. 그토록 크지 않던 키가 대학생이 되면서 얼마간 더 자랐다. 키에 대한 콤플렉스를 벗어난 보상이라도 된 셈인지 모른다. 그때부터 신체 결손을 나름 내면 추구에 몰두했다. 책을 읽으며 생각을 넓고 깊이 쌓는 데 주력하였다. 그런 노력 탓인가, 교수직에 종사할 수 있게 되었다. 작은 키지만 아주 흉할 정도는 아니어서 결혼하여 가정도 꾸려 자식도 얻었다.

그런데 벗어났던 신체 콤플렉스를 떠올리는 일이 일어났다. 거의 잊고 지낸 일이었다. 세월 따라 세상이 변화하면서 외국 여행 자유화가 찾아왔다. 삶의 무대가 전 세계로 확대되었다. 다른 나라 사람 사는 모습이 어떻게 다른가를 여행하면서 구체적으로 알게 되었고 내 삶을 되돌아보게 하는 구실도 했다. 이런 조류에 동참하게 되는 것은 자연스러운 현상이었다. 그런데 이 동참이 사라졌던 작은 키 콤플렉스를 상기시키게 될 줄이야 어찌 알았겠는가. 어쩌면 새로운 세계를 경험하는 만큼 비례한 대가를 치르게 하는 것인지도 모른다. 세상에 공짜가 어디 있나, 반드시 받은 만큼 주고 얻은 만큼 내놓게 되는 일이 아니던가. 일거양득一擧兩得이 아니라, 일득일실一得一失이 세상 이치가 아닌가. 물리학 질량불변質量不變의 법칙이 세상사에도 그대로 적용되는 것인지도 모르겠다.

  이제 와 왜 신체 콤플렉스를 다시 떠올리게 되었나? 이 얘기를 하려고 조금 멀리 길을 돌아왔다. 유럽 지역으로 여행하기 전부터 그들 체격에 대해 대강 알고 있었다. 북유럽으로 갈수록 우리보다 체격 좋고 남유럽으로 갈수록 우리와 비슷한 체격을 보인다는 것. 그쯤은 알고 있어 막상 여행하면서 그들을 여러 곳에서 자주 만나도 크게 이상하지 않았다. 과연 체격이 크긴 크구나, 유럽 친구들이. 그렇다고 나와 비교되어 어떤 느낌을 특별히 주는 것은 아니었다. 커봐야 그렇지, 너나 나나 다를 게 뭐 있나. '오히려 작아도 위축되지 않고 얼마든지 상대할 수 있어'라고 속으로 되뇌곤 하였다.

  그런데 딱 한 군데에서는 그렇게 되지 않았다. 그곳은 바로 레스트룸, 화장실에서였다. 서울에서는 쉽게 눈에 띄고 바로 찾을 수 있어 화장실 사용의 불편을 거의 느끼지 못하였다. 유럽에서는 눈에 잘 띄지도 않으면서 필요한 경우가 더 자주 일어났다. 그러다 보니 여행 중간 기착지에 도착하면 먼저 화장실부터 찾거나 들린다. 그러면서 마주치는 일이 바로 짧은 다리-숏다리(?)의 처량함을 느끼게 한다. 여자와 달리 남자는 서서 일을 본다. 이에 따라 남자 소변기는 서 있는 자세에 맞게 모양을 갖추어 설치한다. 남자 소변기는 형태가 두 종류다. 소변 받이가 중간에 있는 것과 아래에 달린 것. 우리나라에는 받이가 아래쪽에 달린 것은 물론이고 중간에 달린 것도 거의 불편하지 않게 사용했다.

  그런데 유럽 소변기는 달랐다. 받이가 아래쪽에 달린 변기는 어디에서도 발견할 수 없었다. 여기에서 결정적으로 나를 서글프게 하는 게 있다. 중간에 받이가 있는 변기는 하나같이 내 숏다리에 맞지 않는다. 생각해보면 이것은 아마도 그들 평균 신장에 맞춘 결과일 터. 그들이 어찌 나처럼 숏다리 동양인이 찾아와 사용할 미래를 예상하고 그것을 달아놓기를 바랄 수 있단 말인가. 숏다리인 나만 그저 불편을 감수하거나 어찌하던 롱다리(?)로 만들지 않고는 해결할 방도가 없다. 그들이 나처럼 키 작은 동양 여행객을 배려하도록 기대하는 것은 이후에도 더더욱 지난한 일이다. 그렇다 치면 선택은 자명하다. 더 이상 여행하지 말거나 계속 여행하고 싶다면 숏다리 설움쯤이야 하고 속으로 삭이는 수밖에 없지 않은가.

겨울 산에서

 산에 오른다. 오후 시간이라 사람이 많지 않다. 깊어가는 가을 산 모습을 조금 더 가까이 보고 싶어 나선 길이다. 해는 서산으로 넘어가며 하루 일과를 끝내려 한다. 잔광이 계곡 사이로 비치며 바위와 나무를 비춘다. 그 아래로 드러난 산 풍경이 눈에 한가득 들어온다. 이 모습과 산색은 곧 변하겠지, 겨울이 오고 있으니. 그러면 어떤 빛깔로 다가올지 궁금해진다. 겨울 산을 떠올리자 오래전 산행이 생각난다. 세월 속에 빛바랜 사진처럼 잊고 있었는데 바람에 떨어지는 한 장 낙엽이듯 다가든다.
 눈이 많이 쌓인 겨울에 계룡산에 오른 적이 있다. 그 당시 아이젠이 일반화되지 않았던 시절, 등산화를 신고 있으면 다행이었다. 동행들과 눈길에 미끄러지며 계룡산 금잔디고개를 향했다. 눈은 그쳤지만 많이 쌓여 길이 아닌 곳은 위험한 상태였다. 물론 휴대전화도 당연히 없던 시절, 무사히 눈길 뚫고 충남 공주의 갑사 쪽으로 하산하였다. 그리고 눈 쌓인 겨울 산에 다녀오느라 춥고 지친 몸을 예약한 민박집에서 쉬고 있었다. 상쾌한 기분과 약간씩 나른한 몸을 건사하느라 별다른 생각 없이 누군가 기다렸다.

겨울 산행은 위험하다. 특히 눈이 많이 내린 뒤 산행, 사고를 당할 수도 있다. 짧은 산행이나 낮은 산이라도 겨울엔 기후변화가 심하고 예상하지 못한 변고가 항상 잠복한다. 산 아래서 기다리는 사람은 안전한 하산을 확인하기 전에는 불안하다. 그런 마음을 충분히 헤아리지 못하고 우리는 도착하여 그를 기다리고 있었다. 그가 오지 않아 행사 진행이 늦어지자 그 걱정만 하였다. 우리는 갑사 쪽 민박집에서 일박이일 학술 행사를 진행 중이었다. 그것은 공주 지역에 근무하는 선배 주선으로 이루어졌다. 나는 그 모임을 운영하는 일원이었다. 그한테 우리 산행을 알렸으며 갑사 쪽에서 함께 만나기로 약속하였다.

예상보다 늦게 그는 도착하였다. 오자마자 나한테 심한 폭언을 퍼부었다. 눈 내린 겨울 계룡산을 넘은 뒤에 왜 전화하지 않았느냐고, 그 무심함과 무책임에 대해. 혹시 산을 넘으며 어떤 사고가 나 연락이 되지 않았는지 크게 걱정했나 보았다. 당시 모임의 연락 임무를 맡은 상태이었기에 나한테 그렇게 말했으리라. 갑자기 날아든 눈덩이 폭탄을 맞은 듯 어안이 벙벙했다. 갑자기 눈사태를 맞은 꼴이었다. 왜 그렇게 격심한 언사로 나무라는지 금방 납득하지 못했다. 평소 그와는 여러모로 달랐다. 상당히 섭섭하였고 내심 아주 놀라웠다.

그는 예상 산행 시간이 넘어도 아무런 연락이 없자 불안하였을 게다. 눈도 무척 많이 내린 뒤 산행이었고 여러 사람이 계룡산을 처음 찾은 상태였으며 그가 일종 호스트였기에 더욱 애가 탔나 보았다. 그 시절 시스템으로는 알아볼 데도 충분하지 않아 정말 속을 태우다가 우리를 만난 터라 반가움에 앞서 참았던 고충을 그런 방식으로 드러냈으리라. 얼마 지난 뒤에 곰곰 생각해 보니 십분 그 심사를 이해할 수 있었다. 폭언 눈덩이가 아직 어깨와 가슴에 쌓였지만 서서히 털어내고 녹여버렸다. 모임의 예정된 행사를 별일 없었던 듯 진행하였다.

눈이 덮여 조금 미끄럽긴 하였지만 금잔디고개를 넘는 것은 별일 아니었다. 다행스럽게 동행들도 별달리 어려움 없이 무사히 내려왔다. 전에도 와 본 적이 있는 데다가 산에 자주 다녀서 그 정도는 가벼운 산행 그 이상은 아니었다. 산을 넘으며 어떤 문제가 발생하리란 건 꿈꾸듯 비현실적 가상일 뿐이었다. 하지만 나와 달리 어떤 이에겐 이것은 절실한 위험 상황일 수도 있다. 특히 그분 생각에는.

당시 다른 사람 처지를 미처 생각하지 못한 게 그런 결과를 낳았을 터였다. 그럴 만큼 내면이 성숙할 경험 시간이 부족했고, 소통 필요성에 대한 현실감도 부족한 상태였다. 하지만 그 겨울 산행이 타인에 대한 배려심을 충격적으로 각인하는 계기가 되었다. 삶이란 여러 사람과 인연 속에서 더욱 충실해진다는 것을 겨울 산에 눈발이 한 겹 두 겹 쌓이듯 실감하였다. 겨울 산이 속으로 홀로 깊어가듯 그렇게 내 인생도 조금씩 성숙해져 왔을지도 모르겠다.

오늘 산행 목적지인 샘터가 보인다. 몇 사람이 그곳에 설치된 기구로 운동한다. 파란 플라스틱 바가지로 물을 받는다. 한 모금 들이킨다. 목을 타고 신선한 물이 몸속으로 퍼진다. 한 방울 물도 나에 대한 산의 배려일 게다. 잎이 떨어진 옆 나무는 묵언수행 중에도 눈인사를 건넨다. 그 옆 바위는 가벼이 목례하고 여전히 경비 근무에 열중이다. 서로 이

윗사촌으로 정답게 지내는 계곡 사이로 마을이 조금 더 가까워 보인다. 금세 주위는 어슴푸레 땅거미가 깔려온다. 하산을 서둔다. 발길이 왠지 가볍다.

화계사 국수

제주도 토속음식으로 알려진 것 중 하나는 고기국수다. 돼지고기를 삶은 국물에 고기 몇 점을 띄우고 면을 말아낸다. 제주도 고유 음식으로 알려졌지만, 충청도 고향에서도 어린 시절 잔칫집에서 자주 먹던 음식이다. 마을 혼인식, 고향 마을에서는 대사大事라 불렀는데 이 집에 가면 고기국수를 먹기 마련이었다. 상사喪事가 일어나도 그랬다.

어린 시절 고향을 떠나면서 이 잔칫날 국수를 먹어본 지 오래되었다. 요즘에 잔치국수라는 이름을 얻은 건, 보통 멸치를 우려내거나 어묵이나 다시마 국물에 면 말은 걸 뜻한다. 대체로 도시에서 먹게 되는 국수가 이것이고 시골에서 먹었던 잔치국수는 이제는 고기국수란 이름으로 통용된다. 이름이야 어찌 되었건 쌀이 주식이었던 우리에겐 별식으로 이만한 게 없었다.

서울로 이사 온 뒤에 사는 형편이 어려웠다. 밥 먹을 살림이 안 될 때는 국수로 대체했다. 동네 국숫집에서 말린 면을 사다 먹곤 했는데 이런 여유도 안 되면 밀가루를 반죽해서 다듬잇돌 위에 홍두깨로 밀어 칼국수를 만들어 먹었다. 묵은김치를 썰어 넣고 걸쭉하게 만든 국수를 싫다고 투정하지 않고 잘 먹었다. 이게 번거로우면 수제비를 만들어 먹기도 했고 누이가 하는 걸 간혹 거들기도 했다.

  어려서 먹게 된 별식 국수를 지금도 좋아한다. 집에서는 자주 먹지 않지만 볼 일로 나갔다 끼니때가 되면 흔히 국숫집을 찾는다. 국수면 종류를 별로 가리지 않고 좋아한다. 어느 지역에서 이름난 국숫집이 있으면 찾아가 먹기도 한다. 맛의 차이나 깊이는 잘 모르면서도 그다지 개의치 않고 먹는 건 입이 털털해서도 아니고 그냥 국수를 좋아하기 때문이다. 억새를 닮은 하얀 국숫발이 고향의 그리움을 손짓해 부르고 있는 건 혹 아닌지도 모른다.

  지방 대학 강의에 맞춰 꼭두새벽 나서던 시간 강사 시절, 청량리역에서 허연 김을 뿜어내던 가락국수를 사 먹던 때도 있었다. 미래에 대한 불안감을 풀어주던 구수한 국물 맛. 고향 갈 때 기차를 타고 오가며 지나는 천안역, 그곳 국수 맛도 별난 추억이었다. 기차가 잠시 정차하면 뛰어 내려가 후다닥 한 그릇 그리움을 말아먹던 완행열차. 그건 허기를 채우는 한 끼 먹거리가 아니라 기차여행의 낭만이었다, 국수가 오롯이 선사하는.

사는 곳과 멀지 않은 곳에 화계사가 있다. 도로로 걸어가도 시간이 얼마 안 걸리지만 집 뒤에 난 길로 걸어가도 되고 뒷산에 올랐다 하산 길에 들러도 된다. 고요한 시간에는 범종 소리가 집에서 들릴 정도이니 거리를 짐작할 수 있으리라. 이곳에서도 국수를 먹게 될 줄이야. 절간에서도 눈치 빠르면 젓국 먹는다는 속담이 꼭 들어맞는다. 이것도 공짜로 먹을 수 있으니 이 아니 좋은가.

화계사 국수는 우연히 알게 되었다. 어느 때인가 주말 산길에 나섰다가 그쪽으로 내려오게 되어서 모처럼 절 구경을 하고 싶어 들렀다. 식당 앞에 줄 선 사람 뒤에 있다가 국수 한 그릇을 받아먹었다. 이게 주말과 휴일에 신도를 위한 공양인데, 일반인에게도 제공하나 보았다. 등산객이든 절 구경을 온 사람이든 때가 맞으면 한 끼를 보시받는다. 국수 말고 비빔밥을 주기도 하지만, 나는 국수가 더 좋다.

전에 살던 곳에도 가까이 보문사란 절이 있어 초파일에

가면 간혹 비빔밥을 먹기도 했고 일부러 그날 삼각산 도선사에 식구와 찾아가 긴 줄 서서 기다린 뒤에 별식으로 먹어 보기도 했다. 물론 이것은 확실히 공짜다. 그런데 집 가까운 곳에서도 초파일이 아닌 날에 공짜 국수를 먹을 수 있다니 아주 좋은 곳으로 이사 온 게 분명하다. 맑은 공기에 끌려 아내의 불평을 달래가며 거처를 옮겼는데 이 무슨 덤이란 말인가.

몇 번 가다 보니 식당 입구나 배식구 근처에 모금함이 있는 걸 보았다. 공짜도 한두 번이지 계속 그럴 수만은 없는 일 아닌가. 모금함을 본 뒤로 국수를 먹을 때는 그곳에 몇 푼 들고 가 시주가 아닌 국숫값을 치른다. 주말에 간혹 산에 갈 생각이면 하산 길에 들를 요량으로 시간에 맞추어 집에서 나간다. 한두 번 아내도 데려갔더니 국수가 맛이 없다느니 간이 짜다느니 투덜대곤 다시 따라나서지 않는다. 어차피 혼자 갈 인생, 내버려 두고 나만 가끔 찾아간다.

절간에서 후루룩거리며 국수를 먹다 보면 세상살이 피로가 국숫발 따라 목을 넘어가는지 개운하기만 하다. 적당히 산에서 몸을 움직이고 난 뒤라 더 맛있는지 모르지만 휴일이 상큼하게 지나간다. 집으로 돌아오는 발길이 언제나 가

뿐하다. 산뜻한 발걸음에 장단 맞춰주는 새소리는 공짜로 들으며 넘는 산길에서 이곳을 더욱 사랑하기로 다짐한다.

2장 고추 이야기

미녀는 하이힐을 신는다
조개 이야기
가방과 여인
임자는 따로 있나?
여성시대
고추 이야기
첫사랑
아름다운 손
사랑은 아무나 하나

미녀는 하이힐을 신는다

 하이힐 벗은 발을 본 적 있는가, 그대는. 아니 여인의 발, 어머니나 누이 혹은 딸의 맨발을 본 적이 있을 테다. 그때 아름다움을 느낀 적이 있는지 묻고 싶다. 변태가 아니고서 이 물음에 예스라 답할 사람은 없으리라. 물론 예외인 사람이 있을지는 몰라도. 아무리 아름다운 여인일지라도 발만은 미의 품목에서 제외할 수밖에 없으리라. 남녀를 불문하고 신체의 보기 싫은 부분을 꼽으라면 1순위는 아마도 발일 것이다. 사람 발은 신체 중에서 아름다움과는 거리가 멀다. 이 점은 미인도 예외가 없다. 발이 신체의 중요한 기능을 맡는 비중에 견줄 때 미의 관점에선 낙제점을 면하기 어렵다. 발만 따질 때 네발짐승 발보다 훨씬 뒤처진다. 돼지 발만도 못한 게 인간 발이다. 균형 잡힌 손가락과 달리 고유한 기능성에 충실할 뿐 발은 도저히 아름답게 보아줄 수 없다.

누구라도 못난 것은 감추고 싶다. 발에 버선을 신는 것이 오직 발의 보호와 추위 때문일까. 아닐 게다. 그것보다 먼저 보기 싫은 부분을 감추려는 무의식 본능이 발로하는 것이라 본다면 지나친 억측일까? 아래로 삐져나온 형추形醜를 위장하기 위해 외씨버선을 만든 것은 조상의 미감美感이 아닐지. 당신은 혹 발가락 양말 신은 발을 본 일이 있는가. 그 흉물스러움은 진정 외면하도록 자극적이고 메스꺼움을 유발하게 한다. 참으로 볼썽사나웠다. 무좀을 방지하기 좋다고 착용한 사내는 말했다. 차라리 맨발이 더 보기 낫다. 그나마 맨발보다 원피스 양말을 신은 게 상급이다.

양말로라도 튀어나온 발 앞쪽은 가릴 수 있다. 그런데 발 뒤쪽은 어찌할 것인가. 미학 관점에서 이 문제를 일거에 해결한 것이 바로 하이힐이다. 여기서 하이힐 탄생 동기나 사회 배경 따위를 언급함은 그야말로 헛소리에 불과하다. 덧붙이건대, 하이힐이 유발하는 발과 다리 건강 문제는 잠시 접어도 좋으리라. 힐 뒤쪽에서 상부로 오르는 유선형 몸체를 자세히 보아라. 여체 유선형 몸체와 에로틱한 연결이 얼마나 자연스러운가. 여인 뒤태는 하이힐 라인으로 아름다움이 완성된다. 감추고 싶은 추한 뒤꿈치를 에로틱하게 변장한 하이힐은 여인의 후면 미를 결정짓는 포인트다. 하이힐을 신기만 해도. 하이힐의 요염한 미적 라인과 그로부터 종아리 거쳐 허벅지 지나 여인 엉덩이로 오르는 그 선의 유려한 매치는 여인 뒤태 아름다움의 정점이다.

왜 여성은 하이힐을 선호하는가. 신체 고통과 건강상 문제를 일으켜도 줄지 않고 하이힐을 애용하는가. 마침내 발의 기형까지 필지必至하는 고행을 감내하면서도 힐을 신고야 마는가. 여인의 전면 미는 봉긋한 가슴과 동그란 얼굴이 대표한다. 얼굴 콧날과 하이힐 구두코는 전면에서, 엉덩이와 종아리와 대비되는 하이힐 상향 곡선은 후면에서 여인의 시각 미를 완성한다. 아름다움을 추구하는 여인은 하이힐의 이 매력을 결코 외면할 수 없기에 정녕 그러하리라. 여체를 적당히 감춤으로써 은은히 풍기는 전래 조선 여인의 한복에서 오는 미, 이와 대조하여 여신女身을 최대한 드러냄으로써 발산하는 양장의 도발적 미, 버선코가 보일 듯 말 듯 감추며 살금살금 드러나는 한복 치마 입은 여인과 종아리와 허벅지를 맘껏 노출하며 시위하는 미니스커트 걸친 여성, 양자가 추구하는 미는 해와 달이 된 오누이처럼 영영 만날 수 없을 게다.

전래 동화 〈신데렐라〉와 〈콩쥐팥쥐〉는 여인네의 신발 이야기다. 동서양과 고금을 막론하고 여인에게 신발은 감추고 싶은 발의 껍질이다. 중국 전족의 슬픈 내면 기원은 혹 아닐지, 여자가 사내 앞에서 제일 감추고 싶은 발, 그를 숨길 수 있는 신발 선택, 여인은 사내 앞에서 그 발을 드러내 신을 신어야 한다. 그런데 남자가 발의 외피로 여인을 선택한다는 것은 매우 의미심장한 에로틱한 아이러니. 이 발을 보며 여인을 선택하는 남자는 그 추함도 감싸 안으며 사랑하겠다는 다짐은 아닐까? 신발로 발을 싸안아 감추듯 남자는 선택한 그녀에게 신발을 내민다. 남자를 버릴 때 여자는 신발을 거꾸로 신듯이.

타인에게 자기의 자잘한 소지품을 감추고 싶을 때 여인은 핸드백을 든다. 단순한 기능에 비해 여성의 손가방 집착 강도는 다이아몬드를 능가한다. 구두에 대한 욕구와 핸드백에 쏠리는 열망, 그 무의식 샘은 아마도 동일할 터. 뾰족구두와 핸드백은 한통속이 아닌가. 무언가를 감추면서도 그것을 아름다움으로 역전시키고자 하는 미에 대한 본능적 추구, 여인의 생래적 이중성에서 기인한다고 하면 지나친 남성적 편견일까? 입술 색상과 하이힐 곡선은 미녀에겐 원초 욕망이 아닐 수 없다. 아름다운 여인은 현란한 연지로 입술을 강조하고 빛나는 색상 하이힐로 아름다움을 분출한다. 어울리는 핸드백을 든다면 금상첨화이리라. 단연코 미인은 진정 하이힐을 사랑하지 않을 수 없다.

조개 이야기

 고추가 남자 상징이면 조개는 여자 상징이다. 형태상 유사점에 기인해서다. 외형적 유사성에만 그친다면 결코 제대로 상징하는 것이라 보기 어렵다. 겉보기만이 아닌 생태적 유사성이 반드시 없진 않겠다. 여자와 조개, 어떠한 근접적 유사성이 있기에 여자를 조개에 비유해 왔을까. 〈심청전〉에서도 심봉사 아내 곽씨가 딸을 낳자, 그는 이렇게 말했다. '묵은 조개가 햇조개를 낳았군.'이라고.

 조개는 둥글다. 둥글기에 포용적 원만성, 완전한 형태인 원을 지향한다. 모성이 자라는 소이所以다. 그중에 기다란 말 조개는 일종 변이형이다. 이게 조개 원형이 아니듯 간혹 남성적 여자가 있기 마련이라 보면, 여성 본질은 원형이 분명하다. 얼굴이 동그랗고 가슴이 둥그스름하며 엉덩이가 둥글지 않은가. 남자보다 더욱 예쁘게 동그랗다. 이 둥근 형태

안에는 사랑이 담겨 있고 세상과 남자 마음을 담아낼 포용과 관용이 자리한다. 여신이 탄생할 수 있는 까닭이다. 평화를 사랑하고 이를 지키려는 게 모성 본능이고 여성성 정체라 말해도 되지 않을까.

조개는 펄 속에 숨는다. 쉽게 그 정체를 드러내지 않는다. 여자가 속내를 쉽게 드러내지 않는 것이 닮았다. 펄을 씻어내야 조개를 만날 수 있듯 여자 속내를 알아내기 위해선 마음속 뻘을 닦아낼 수고를 아끼지 말아야 한다. 여러 겹옷을 몸에 걸치듯 화장으로 속내와 표정을 감추듯, 그들은 화장을 넘어 변장술에 능하다. 이건 생존을 위한 그들의 내림인지도 모른다. 펄 속에 깊게 숨지 않으면 그를 노리는 새들한테, 맛있는 요리 재료로 인간한테 언제 잡힐지 모르기 때문이다. 조개에겐 펄 속에 숨는 것은 생존 필수 요건 아닌가. 꼭 다문 조개가 마치 입을 오므린 여인네 입술처럼 그걸 열기가 쉽지 않다. 그건 생존을 위한 본능이니 결코 나무랄 일은 아니다. 어떤 생명체나 생존과 번식을 위한 그만의 전략이 있지 않겠는가.

작은 생물도 존중하고 차이를 인정해야 한다. 함부로 조개 속내를 알려고 해서는 안 되는 이유다. 스스로 열릴 때까지 인내하고 기다릴 줄 알아야 한다. 성급하게 그걸 열려고 칼을 들이대거나 돌로 내려치면 조개 속살과 껍데기가 함께 상할 수 있다. 결코 바람직하지 않다. 스스로 열릴 때까지 묵묵히 기다릴 줄 알아야 한다. 열리면 속살과 빛나는 껍데기까지 함께 챙길 수 있다. 이게 바로 일거양득 아닌가. 이런 인내심을 가진 사람만이 쫄깃한 조개를 맛볼 수 있듯, 여인 마음을 얻을 수 있다. 몸은 마음 따라 저절로 오는 것이 아니던가. 조개가 충분히 익어서 입을 벌려야 육즙이 흐르는 조개구이를 맛볼 수 있듯 남자는 여인네 앞에서야 제대로 된 인내심을 기를 수 있다. '인내는 쓰지만 열매는 달다.'라는 금언이 바로 이를 두고 한 말이 아닐까.

조개는 단단하고 두꺼운 껍데기 속에 숨는다. 외풍으로부터 가녀린 속살을 보호할 수 있기 때문. 견고한 패각 안에서 씨를 품고 낳는다. 진주조개를 보아라. 아픔을 창조로 변신시키는 기막힌 변전술에 어느 누군들 놀라지 않겠는가. 여자를 귀히 다루어야 하는 까닭이다. 그들은 내면 어딘가에 진주로 자랄 싹을 모두 품고 있다. 생명을 품을 몸인데 껍데기라고 함부로 무시하거나 경솔하게 대하는 것은 생명 현상에 대한 대단한 결례다. 인간 생명이란, 아기는 모두 영롱한 진주 아니던가. 중요한 씨앗을 속에 품었기에 그들은 두꺼운 외피로 그걸 보호해야만 한다. 이것은 무슬림 여인들한테 종교적 제도화가 낳은 부르카이고 히잡이 아니던가. 조선조 여인도 장옷이란 껍데기를 쓰고 외출하였던 것도 그다지 오래전 일이 아니다. 서양식 혼례에서 여인이 면사포에 숨었다가 혼인식에서 그걸 들어 올리는 것은 바로 이것의 약식 제도화이지 다른 무엇인가.

조개는 속살만 쓸모가 있지 않고 껍데기까지 유용하다. 이 가치를 알아본 원시인은 조가비로 오래전엔 화폐로까지 쓰지 않았던가. 조가비 아름다움은 우리 전통 공예품인 나전칠기에서 얼마나 화려하게 빛나고 있는가. 천연 장식용으로 이만한 걸 과연 어디에서 찾을 수 있나. 이러고 보면 조개는 안팎으로 쓸모 있다는 말이다. 이 모두 내어줄 수 있는 조개, 다른 말로는 희생할 줄 안다는 뜻이다. 아버지를 위해 희생한 심청이처럼 오빠와 남동생을 위해서 얼마나 많은 이 땅의 누이가 자신을 희생했던가. 목숨보다 소중하게 여겼던 머리칼을 팔아 남편을 내조한 여인, 나라를 위해 기꺼이 몸을 바쳤던 논개와 유관순은 바로 희생의 절정이 아니었나.

조개는 물을 그리워해도 결단코 따라가지 않는다. 밀물을 반기지만 썰물을 따라가지 않는다. 조개는 자립심이 강하기 때문이다. 태어난 곳에서 자라 거기에 정착하려 한다. 떠나가는 남정네를 향해 진달래꽃을 뿌려줄망정 그 자리를 떠나지 않는다. 남자가 역마살을 못 이겨 세상을 떠돌더라도 그 자리를 붙박이로 지키고 언젠가 떠돌이 남자가 돌아올 때를 기다린다. 여자도 함께 떠났다면 남자는 결코 돌아올 생각하지 않고 바람처럼 영원히 떠돌다 영영 영혼까지 날려 보냈을 것이다. 남자가 영혼을 붙잡아 제자리를 찾게 하는 것은 정녕 여자의 이 붙박이 자립심임을 고마워해야 할 것이다.

이건 그들이 타고난 자생력이 있기 때문이다. 갯벌에서 썰물을 따라 먼바다로 가지 않아도 살아낼 힘이 있기 때문이다. 조개는 조류 따라 떠다니는 물고기가 아니다. 세상 조류에 휩쓸려 이리저리 떠다니는 것은 남정네다. 썰물 따라 나가서 종내 돌아오지 않는다 해도 이어도를 부르며 한탄을 삭일망정 결코 자리를 뜨지 않는다. 제주 섬이 태평양으로 떠가지 않고 여태껏 바다 한가운데 자리 잡고 있는 것은 진정 조개를 닮은 여인네 힘 덕이다. 제주도 탄생 신화인 선문대할망이 달리 여신이겠는가.

조개는 눈이 없다. 조갯살 촉수에 의해서 물때를 알고 나아가고 멈추고 숨는다. 다른 말로 이건 근시안적이란 것. 물을 따라가야 하는 것이 아니니 어쩌면 구태여 눈이 필요 없을지도 모른다. 그러다 보니 여자는 곧 다가올 내일을 넘어 먼 미래보다 현실에 강하게 집착한다. 이에 매달리지 않으면 당장 추락하는 판, 일견 앞날 전망이나 희망에 무심하다. 바지랑대에 나부끼는 현실 집게에 얽매이다 보니 당장 눈앞 꼬임에 잘 넘어간다. 김중배에 넘어간 심순애가 그 짝이고, 젊어 연애할 때 남자 장래성을 보기보다 겉보기 차림새에 끌려 넘어가 후회하는 여자가 한둘이 아니다. 남자 허우대 크기만을 바라보고 이를 '루저'라고 공개 발언한 여대생이 바로 이 아닐 텐가. 온달 따라가던 평강공주 혜안은 바닷가 개펄에 널린 조개들만큼 흔하지 않은 일일 뿐이다.

여자를 조개에 빗대도 낯설거나 어색하지 않다. 조개를 겉모양만 아니라 그 생태까지 참으로 많이 닮았기 때문이다. 맛난 조개가 우리네 식탁을 풍요롭게 하고 미각 즐거움을 전해주듯 조개 특장特長을 닮은 여자가 많아지길 진정 바란다. 유관순이나 평강공주를 그리워해서만이 아니다. 그녀가 정녕 행복하기를 바라는 간절한 마음에서 하는 기원 한마디임을 알아주기 바란다. 이건 대부분 고추도 동감하는 희망

사항이 아닐까. 조개와 고추가 행복하게 한 생을 살고 싶은 욕망은 어디 고추만이 기대하는 것일까.

가방과 여인

 여자는 가방을 들고 다닌다. 빈손으로 다니는 여자 보기는 벗고 다니는 여자 만나기만큼 어렵다. 가죽 핸드백이 아니면 비닐 가방, 종이 가방이라도 들고 다닌다. 마치 열애 중인 연인이듯, 옆구리에 달랑 붙이고 다닌다. 여자가 아니라 가방이 그네를 달고 다니는지도 알 수 없다. 주객전도된 실제 상황을 거리에서 쉽게 목격한다. 그런 그네는 간혹 명품 가방에 집착하는 것처럼 보이기도 한다.

 들려가는 가방은 자주 입을 벌린 채 다닌다. 비닐 가방이나 종이 가방은 선천적 태생이 벌려있기에 그렇다고 하지만, 잠그는 가방도 하늘 향해 열려 있는 걸 자주 본다. 조신하지 못한 일부 여자에 국한된 귀여운 나태인지, 가방이 숨을 쉬라고 아량을 베푸는 공주 마음씀씀이인지 은근히 탐색하고 싶다. 빈번한 그런 현상은 어쩌면 그네 천성이라 치부하면 편견적 여성관이라 질타당할 게 뻔해도, 비난을 감수하고 뻗대보기로 하자.

이런 개방성은 여인의 하의, 치마와도 상관된다고 보면 지나치게 나간 게 될지 모르겠다. 바지에 비해 넉넉한 치마의 형태상 개활開豁은 그네의 사고 유연성과 결부시키면 어떨지. 의식 개방을 넘어 성 개방을 먼저 행동화한 것은 이 치마의 낭창함이 아니었던가. 봄을 먼저 맞이하는 것도 여인 치마요, 신 패션을 게 눈 감추듯 끌어안는 것도 그네의 널따란 치마폭이다. 가방 열고 다니는 것도 어쩌면 치마와 상통하는 그네의 태생적 개방성과 자웅동체가 아닐까.

가방 열고 다니는 것은 그 안에 많은 것을 담고 꺼내야 하는 현실 기능에 충실하기 위함일 게다, 어쩌면. 지하철 안에서도 가방이 열려 따분한 눈길을 유혹한다. 짐짓 기웃거려 본다. 자칫하면 곤욕을 치를지 모르니 흘깃 아주 빠르게 훑는다. 지갑도 숨어 있고 화장지도 고갤 내밀고, 분첩인 듯 견고한 몸피에 검은 낯빛이 불쾌한 표정으로 째려본다. 어이쿠, 더 이상 눈을 들이대었다간 위태롭다. 남에게 좋은 구경거리 제공하기 전에 흥미로운 관심 촉수를 움츠린다. 눈을 거두니 옆에도 문 열어놓은 가방이 그네 어깨 위에 걸려 있다.

가방은 준비물을 모두 담는다. 집 밖에서 필요한 것으로 채운다. 대문을 나서면서 귀가할 때까지 그네가 맞닥뜨릴 여러 상황에 맞게 준비한 물품이다. 그것을 들고 다닐 도구가 바로 가방인 셈이다. 예전 여인은 보자기를 애용했다. 머리에 썼다가 코흘리개 코도 닦았다가 물건을 담는 그릇으로도 쓰고 만사형통 여의주가 따로 없었다. 이런 보자기가 현대 여성에게 가방으로 변전하였다. 형태는 세월 따라 달라져도 그네의 준비성은 대물림되었다. 태생을 바꾸지 않는 한 가방은 그네에게 필수품 1호다.

그네는 준비할 게 늘 많다. 크기가 다양해도 언제나 규격화된 가방은 양이 차지 않았다. 커다란 여행 가방도 늘 담아내기 모자라 보조 가방까지 들고 낑낑대는 걸 보기 어렵잖다. 가방은 애초에 보자기처럼 융통성은 타고나지 않았다. 현대 문물이 애용하는 사전에는 융통성이란 단어는 끼일 자리가 없다. 규격화 제품만이 다량 생산 라인에 탑승할 수 있기 때문이다. 지퍼와 자석단추로 가방을 여미는지 그녀가 모를 리 없다. 소용되는 걸 넣다 보면 닫을 수 없다. 그렇다고 어느 것 하나 빼놓을 수 없기는 마찬가지다. 차라리 열고 다니는 융통성을 그녀는 택한다. 주어진 현실을 불평하기보단 융통성으로 그걸 감싸 안을 줄 안다. 기계 문명에 반발해보았자, 실익이 없음을 눈치채는 약삭빠름은 그녀 핏줄에 이미 유전된 지 오래다.

핸드백으로 담기 모자라는 짐이 생기는 정도에 따라 그네 이름이 바뀐다. 아가씨에서 엄마가 되었다가 어느 사이 아줌마가 된다. 호칭에 따라 짐은 불어나서 핸드백을 한 치 두 치 키워도 어림없다. 그때는 핸드백, 종이봉지, 비닐봉다리로 흥부네 자식 불어나듯 번성한다. 가방 숫자나 내용물이 풍성해지듯 여인 마음도 그에 따라 풍요로워진다. 젖가슴이 남자와 다르게 괜히 부풀어 오르고 출렁대겠는가. 부풀려지는 만큼 그네 인정도 사랑도 성대해진다. 그에 기대어 아기는 자라고 사내도 세사(世事)의 고된 혹한을 녹이며 힘을 얻는다.

그네가 진정 원하는 것은 명품 가방이 아니다. 명품에 과도하게 투신하는 것으로 알지만, 그건 무참한 오해다. 가방보다 그녀 자신에 대한 자존의 연분홍빛 열정이다. 자신을 사랑하지 않는 여자는 없다. 거울에 비치는 자기 얼굴을 요모조모 들여다보기 시작하던 어느 날부터 자라난 생의 욕망이다. 그 욕망 이미지가 필요할 때 가방이란 사물이 간택된 게 틀림없으리라. 가방은 여인에게 또 하나 다른 얼굴이니까. 자신을 사랑하고 싶은 여자라면 누구라도 가방과 로맨스에 어찌 빠지지 않을 수 있겠는가.

임자는 따로 있나?

네팔 여행 중에 일어난 일이었다. 버스에서 내려 화장터를 구경하러 가는 길에 여자 행상이 달라붙었다. 나한테 장신구를 사달라며 매달렸다. 남자인 내가 무슨 장신구가 필요하겠는가. 여러 사람 중에 뭘 보고 나에게 왔는지 별 관심 없이 몇 가지 가격을 물어보았다. 살 생각 없으니 부른 가격에 터무니없이 깎아서 흥정해보았다. 몇 번 실랑이하다가 그 아가씰 떨치고 멀어진 일행 뒤를 서둘러 따라갔다. 그렇게 그 행상 여인과 인연이 다한 줄 알았다.

얼마 전에도 인도 여행 중에 바라나시에서 힌두교 장례 풍습을 본 적이 있었다. 이곳 네팔도 그와 다르지 않았다. 거기보다 좁고 작았을 뿐이다. 그때는 보지 못했던 장면을 직접 더 가까이에서 볼 수 있는 것이 다른 거였다. 세상을 하직하는 한 인간의 마지막 자취여서 그런가, 고해를 건너가

게 되어 홀가분해설까, 아니면 떨쳐내지 못한 미련의 찌꺼기를 태우느라 그러는가, 풍겨오는 냄새는 코를 자극하고 머리를 어지럽게 하며 나에게 달려들었다. 오래 보고 있을 수 없어 발길 돌렸다.

인연이 다시 이어졌다. 아까 물리쳤던 그 네팔 아가씨가 다시 나에게 따라붙었다. 이승을 떠나는 장면을 보아서 그랬을까. 무엇이라도 하나 사주고 싶은 마음이 들었다. 아까 흥정했던 가격에서 아마 조금 후한 가격으로 목걸이를 골랐다. 물건을 건네받으면서 물어보니 아가씨가 아니고 애 엄마였다. 작은 몸집에 까맣고 동그란 눈이 반짝이어선가, 조혼 풍습을 깜빡해서 그런가. 적선이라도 할 수 있는데 잘했다는 생각으로 웃으며 헤어졌다. 목에 걸고 버스로 돌아왔다. 다른 곳에 가면서도 그날은 그걸 계속 목에 걸고 다녔다.

다음 날 아침 식사 자리였다. 평소 가깝게 지내는 여교수와 동석하여 식사하면서 창밖으로 내리는 빗줄기를 바라보았다. 청옥 빛 둥근 알 주위로 금빛 장식이 달린 어제 산 목걸이를 나는 그 자리에서도 걸고 있었다. 목걸이는 이곳에서만 목에 걸려 있다가 집 안 어느 구석에서 먼지와 친교 하며 한때의 기억만을 증언할 것이다. 그 목걸이에 여교수가 우호적 관심을 보였다. 집사람한테 갖다주면 아주 좋아할 거라고, 부러운 듯 말하였다. 아내는 장신구에 별 관심이 없다. 오래전 폴란드 여행길에 꽤 값나가는 호박 목걸이를 사 갔다 핀잔만 들은 일도 있었다. 그 속마음을 눈치채고 그걸 드리겠다고 했더니 사양했다.

귀국하기 전 그분한테 귀찮은 짐을 떠맡기듯 목걸이를 전했다. 몇 번 거절하더니 진심을 알고 받아주었다. 헤어지기 전에 아내한테 주라고 훨씬 더 고가인 립스틱을 손에 꼭 쥐어주었다. 네팔 여행길에서 즐거운 분위기를 잠시 돋우었던 그 물건은 그렇게 추억의 한 칸에 놓이고 여름 달아나듯 어느새 잊혀졌다.

교직원 식당에서 그 여교수와 한참 뒤에 동석하게 되었다. 목걸이 선물이 감사했었노라고 다시 얘기를 꺼냈다. 시간이 상당히 흐른 뒤였기에 목걸이는 기억 속에서 오랜 숙면에 들어 당분간 깨어날 줄 모르고 있었다. 그걸 노크하고 깨운 그녀가 말을 이었다. 얼마 전 부부 동반 모임에 가는데 그 목걸이를 본 남편이 아주 잘 어울린다고 말해서 매우 기뻤다고 했다. 여태껏 한 번도 하지 않은 찬사를 해서 놀라웠노라 했다. 또 고맙다고 치사하는데 별달리 대꾸도 못 했다.

고액 대가를 다시 받은 것처럼 아주 쑥스럽기만 했다.

 식당 문을 나서면서 사소한 물건일지라도 환영받는 쓰임새가 따로 있다는 생각이 들었다. 최빈국 네팔 여인한테 동정심이 일어 나한테 왔던 물건이 그리 높게 대우받을지 흥정할 때 어찌 알았겠는가. 나한테는 별것 아니라서 존재 의미도 까먹은 채 먼지만 쌓여갔을 텐데, 한국 여교수한테는 행복을 선물했다니 참 신기한 일이었다. 작은 것도 가치를 살려주는 임자가 있고 알맞은 자리가 분명코 있다는 걸 알게 하였다.

 문득 나는 과연 제대로 임자를 만나고 있는가. 세상에 존재할 참된 가치를 인정받고 있는가에 생각이 밀려든다. 아니면 역으로 내가 이 땅에 오게 된 소임을 제대로 하고 있는가. 생각이 꼬리를 물고 달려온다. 하늘을 올려다본다. 한가로이 구름 몇 송이 흘러간다. 짐짓 물어보고 싶다. 아직은 적합한 답을 찾기 어렵다. 아마 이 땅을 떠날 때까지 영영 찾지 못할지도 모른다. 그래도 계속 답을 구할 것이다. 이것이 살아가는 이유라고 멀어져 가는 구름을 눈짓으로 쫓아가 본다.

여성시대

 나는 남자다. 남자인데, 그걸 굳이 새삼스레 밝히는 것은 무엇이냐? 당연한 것을 밝히며 얘기를 시작하였으나 특히 여성분들께 양해 바란다. 혹시 남자들도 이런 태도에 못마땅할 수 있겠다. 분명 이건 남자를 대표해 나서는 게 아니다. 혼자 생각이니 그냥 모른 체 했으면 좋겠다. 세상에는 두 종류 인간이 있으니 여자 아니면 남자다. 그런데 굳이 이를 글 서두에 들이대는 것은 왜일까? 뭔가 세상을 놀랠 얘기를 하려는 것인가. 아니 약간 다른 생각을 피력하는데, 그에 관해 한 자락 펴면서 시작하는 것은 상식에 반하는 일로 혹시 사회적으로 지탄받을까 염려해서다. 나는 특별히 마초도 아니고 초식남은 더욱 아니기에 그렇다. 그러면 게이인가, 그건 떠올리기조차 남우세스러운 일이니 결단코 아니다.

 남자로 세상을 살아간다는 것은 무얼 뜻하는가? 세상 반쪽이니 남자이든 여자이든 이에 대해 시원하고 확실한 답을 갖고 있는가, 라고 그대에게 묻는다면 어떤 답변을 하실 수 있는가? 아마도 그렇다고 할 수 있고, 아니 그런 생각을 해본 적도 없다고 할 수 있겠다. 또는 바쁘고 복잡한 세상에 뭐 그런 시시한 것을 가지고 귀찮게 하느냐고 핀잔을 줄 수도 있으리라. 날이 갈수록 남성으로 살기는 어렵다. 어렵기에 마음을 다잡기 위해 이렇게 여러 포즈를 취해본다. 그 심정을 이해해 주기 바랄 뿐이다. 특히 여성 여러분! 이 어려운 시대 남자로 살면서 하소연 한번 해보려는 것이니 따스한 가슴으로 품어주길 기대한다. 이러면 아니 이 남자가 도대체 왜 이러는 거야, 라고 되물을 수 있겠다. 너그러운 모성 심정으로 제 얘기에 잠시만 시간을 허여해 들어주길 간청하면서 더 진행해보련다.

어느 라디오 프로그램 명칭처럼, '지금은 여성시대'다. 이처럼 공인된 여성시대에 살자니 남성은 괴롭다. 아주 더 진솔하게 말하자면 힘들어 죽을 지경까지 몰렸다면 엄살이 좀 심한가. 이 여성시대는 가정과 사회를 넘어섰고, 급기야 우리나라를 넘어 세계가 여성시대가 되었거나 그 방향으로 진행 중임은 세상 모두 인정하는 추세가 아닌가. 집 안에서 남자는 더 이상 대접받는 존재가 아니다. 오히려 구박데기 머슴 취급받기 일쑤다. 힘들고 궂은일을 전담하거나 그리하도록 유언무구로 강요받는다. 이에 말이라도 할라치면 집 안이 평온할 수 없다. 근력이 필요한 집안일부터 바깥일까지 일거리가 많다. 직장 일로 피곤한 몸을 제대로 쉴 수조차 없다. 남자 조상들보다 일은 많아졌지만 대우는 반비례하여 급행열차 스피드로 하향 중이다. 변화 폭은 남녀 공동 문제가 아니라, 남자가 더 심한 데 반해 그 보응은 축소지향의 길로 매진하는 형국이다.

국가나 사회에서도 남자 일은 더욱 늘어나니 고달프다. 이글대는 세상 정글에서 여전히 최고 사냥감을 잡아 와야 한다. 이게 부족하면 가정도 이룰 수 없도록 외면한다. 사냥터에 여성들이 대거 출현하면서 일어난 일이다. 공정하고 평등한 규칙 현장이라 더욱 힘들다. 국가 안보를 위한 의무는 여전하고 이에 대한 보상도 예전만 못하다. 투여 시간과 생명을 담보하여 노력한 수고에 대해 합당한 프리미엄을 요구했다간 거센 반발로 저항 물살을 피하기 어렵다. 후세 출산의 생물 본능 문제까지 끌어오며 압박하니 견뎌낼 재간이 없다. 일부 못된 남자 때문에 거리에 서면 잠재적 성범죄자로 여자들에게 의심스러운 눈초리를 도처에서 받는다. 다중 자리가 아니라 인적이 뜸한 골목길에서도 걷다가 둘만 마주치는 상황에서 그러하고, 무심코 눈을 마주치는 여자를 볼 때마다 그런 낌새를 느낀다. 나는 후줄근한 복식으로 추레한 데다 수염도 길렀지, 이건 영락없다. 늘 신사복을 단정하게 입고 말끔하게 면도하고 다녀야 하나? 이리 수시로 범죄인 취급을 받는 심정을 여성분들은 얼마나 공감할까? 그러한 위험에 자주 노출되고 있는 불안에 비하면 아무것도 아니라고 그럴까, 글쎄 그럴지도 모르지만.

남성 시대는 아니라도 남자 수고가 정당하게 인정받는 사회가 그립다. 아니 온통 여성시대인 세상에서 남자로 살기 싫다. 남자 역할 파업을 하거나 시위라도 해볼까? 앞으로 살면서 혹 견뎌내기 어려우면 현대 첨단 의료 기술을 빌려 성전환해야 하나? 혹 젊은 나이라면 모르지만 환갑 지난 이제 와 그럴 수도 없고 그러면 어찌해야 하는가. 참으로 답답하고 모진 세상이다. 조상 남자들은 이런 고민을 안 하고 잘도 살다 갔는데, 남성 우대 혜택은 조상들이 보시곤 세상 변화로 부채만 무능한 후손들에게 떠넘기시고도 저승에서 안녕들 하신가요 따져보고 싶다.

집 안과 사회에서 남녀의 고유한 성역할이 많이 혼재되어 간다. 우리나라 경우에는 남자 병역 의무와 여성의 출산을 제외하고는 직업이나 능력에서 남녀 간 구별이 거의 없어졌다. 그러나 출생할 때 남녀로 구별되어 태어나니 그걸 신에게 따지거나 반기反旗를 휘두를 수는 없는 일이다. 이렇게 푸념만 늘어놓다가는 꼴만 우스워지겠으니 나는 남자임을 사랑하면서 이대로 그냥 살기로 했다. 내 의사에 상관없이 남자로 태어났으니 선택 기회가 없었던 점에 대해서 불만이 없는 바는 아니나 다른 도리가 없지 않은가. 이 숙명적 삶의 태도에 관해 여러분! 돌을 던지든지 양해해주든지.

고추 이야기

옥상에서 홍고추가 가을볕을 받아 말라간다. 물고추라 불리듯 탱탱한 탄력도 좋거니와 얼마 안 남은 찬란한 가을 햇발 아래 더욱 빛나 보인다. 크기도 다양하고 빛깔과 탄성도 저마다 개성 넘치는 홍고추들로 자리 위는 그득하다. 바람에 나부끼는 빨래처럼 동적이진 못해도 고요하게 숙성하는 홍고추를 바라보는 맘 역시 흐뭇하다 못해 불그레해진다.

고추는 조선 중기에 동남아에서 전래하였다 한다. 그 뒤로 우리 식탁에서 중심 자리를 차지한다. 맛과 색에서 고추를 빼고 한식은 거의 존립하기 어려울 정도가 아닌가. 호불호 정도 차이는 있지만 고추를 거의 하루도 거르지 않고 먹는다 해도 과언이 아니다. 매운맛을 즐기는 일부 사람에겐 고추는 혈연관계 이상으로 친숙하다. 그들 혈액을 채취하면 아마도 고추 성분이 검출되지 않을까 싶기도 하다. 고추 위세는 음식에 국한하지 않는다. 길고 뾰족한 원추의 외형상 특징에서 사내 상징으로 승격하여 대문께도 붙는다. 대문 칸을 넘어서는 고추는 남자를 대표하는 기호가 되었다. 고추를 보면서 누구라도 남성 심볼을 연상한다 해서 특별히 이상하게 보거나 문제시할 것 없을 만큼 꽤 자연스럽다. 고추는 우리 삶에서 참말로 요모조모 필요한 보배 같은 존재다.

고추는 하루하루 물기를 뺏기며 말라간다. 통풍 잘 되고 햇살의 수고 능력에 따라 시간은 단축될 것이며 여기에 건사의 정성을 가미하면 품질도 매우 달라진다. 며칠 후 어느 날, 바짝 마른 고추는 자리에서 거두어 방앗간에서 고춧가루로 만들어진다. 푸른 고추가 홍고추로 숙성하고 마른 고추를 거쳐 고운 가루로 최종 변신하여 음식 양념으로 쓰이면 고추의 일생은 완성이라 할 만하겠지. 어느 고추도 이를 거부하거나 예외일 수 없다. 완성까지 이르지 못하고 풋고추로 단명하거나 불량으로 사라지는 것은 고추 숙명일 뿐, 이를 벗어날 도리는 애초 고추 식생과는 무관하다. 이게 고추 존재 이유이고 보람이며 고유한 가치가 아닐까. 어쩌면 우리의 음식 생활에 기여한 고추는 가상하게도 홍익인간 이념을 제대로 실천하는 것은 아닌지.

여기저기 흩어진 채 햇볕 아래 붉은 몸을 드러내며 말라가는 물고추를 보자니 문득 남자의 한살이를 떠올리게 한다. 대문간에 붉은 고추를 달면서부터 남자로서 인생은 비롯된다. 빛깔 화려하게 출발했다 해서 그 후 역정이 반드시 그럴지는 저마다 팔자(?)에 따라 다르다. 점차 커가는 고추밭 풋고추처럼 푸르기만 한 청춘 찬가를 언제까지 즐기며 부를 수만은 없다. 한국 남성의 통과의례인 푸른 제복이 불현듯 맞이하기 때문이다. 여름철 식탁에 싱싱한 풋고추가 빠짐없이 한 자리 차지하듯 그가 이 길을 벗어날 묘책은 찾지 않는 게 더 현명한 선택이다. 이건 좁은 한반도에 터 잡은 선배 고추로부터 내림하는 차라리 슬픈 숙명 아니던가. 미생 풋고추를 거쳐야 붉은 고추의 완생 단계로 진입할 수 있듯 적극 맞아들이는 전향 자세가 더욱 고추다운 불가피한 진로일 터.

풋고추의 푸름은 생각만큼 그리 오래가지 못한다. 성장을 멈춘 푸른 고추가 붉게 물들듯 제대한 남자는 한 여인의 남편과 아버지가 될 준비에 돌입한다. 역전 용사처럼 점차 단단해지면서 가정과 사회와 나라 주역으로 활동하지만, 촌음도 방심할 수 없이 피가 튀고 충돌하는 여기는 또 다른 전장이기에 언제나 무르익은 고추 빛처럼 빨갛다 못해 검붉기까지 하다. 이 붉은 고추를 남자 징표로 삼는 건 다 이 때문이리라. 맹수 고향인 아프리카 밀림이 아니더라도 생존 사냥터란 어디든 다 그런 핏빛이 어린 게 아닐까마는. 고추밭 고랑에서 줄기에 나란히 매달려 석양에 붉게 물든 녀석들을 보면 무시로 애달파 보인다. 마치 로켓처럼 하늘로 솟구치고 싶은데 마지못해 처성자옥妻城子獄에 갇혀 웅크린 한 마리 늑대처럼.

여기서 잠깐, 홍고추인 채로만 일생을 마치면 그건 고추의 존재 사명을 다하는 일이 아니다. 마른 고추를 거쳐 가루로 변신할 일이 아직 남았기에 쉴 수 없다. 어쩌면 줄기에 매달려 익어갈 때가 더 좋았는지 모른다. 고추밭에서 떠나 상자에 담겨 말리길 기다리는 홍고추. 일터에서 물러나는 남자들이 바로 이러한 신세와 다름없다. 밭을 떠난 홍고추가 우량 고춧가루가 되려면 먼저 알맞게 말라야 한다. 햇볕에 하루하루 홍고추 몸피는 줄고 무게는 가벼워지듯 사내 맘에서 욕망 물기가 빠질 무렵이면 삶을 지탱하던 소망 근력은 한 해가 다르게 줄어든다. 그때쯤 세상에 대한 미련도 내려놓고 자녀와 아내에 대한 기대도 조금씩 덜어놓는 게 좋다. 우주 멀리 떠나갈 날을 슬슬 기다릴 때 약간이라도 가벼워야 한결 홀가분하게 가지 않겠는가. 실바람에도 날아갈 수 있는 고춧가루처럼.

첫사랑

　대학 입학 시험장에 갔을 때 생강차를 처음 마셔 보았다. 선배 학생들이 마련한 거였다. 시험장 복도 누런 양은 주전자에서 따라주던 그 한 잔은 떨리던 마음을 상당히 진정시켰다. 아마 그때 차라는 것을 처음 맛본 게 아닐까 싶다. 밥 세 끼 먹고 살기도 어려운 당시 형편에 차 마신다는 게 나에겐 비현실이었다. 더구나 학생이니 더욱 접근하기 어려운 일일 터. 일반 생활 풍습에 차 마시는 일이 일상화되기 오래 전 일이니 더욱 그랬을 거였다. 따스한 생강차를 맛본 덕인지 합격하여 인생 경로를 찾을 수 있었다. 그 생강차 한 잔으로 비로소 성인 세계, 새로운 세상으로 진입한 셈이니 아직도 강렬한 기억으로 남았는지 모른다. 약간 달콤하고 매콤했던 맛, 앞으로 펼쳐나갈 인생 맛이 그럴 거라는 걸 예고하는 어떤 징후는 아니었을까 떠올려본다.

처음 접하는 경험은 상당 기간 그 느낌이 오래 남는다. 살면서 처음 만난 것이 생강차만은 아니지만 강렬한 인상은 지난 후에 되돌려보면 그 시절과 함께 여러 가지를 생각나게 한다. 처음 여자 손을 잡았을 때 기억, 남산에 올랐다 내려오던 어느 순간이었는지 계절과 전후 정황은 사라졌지만 흥건하게 고였던 손바닥 땀, 심장이 뛰어 떨리게 나왔던 말, 그녀는 어땠는지 잊었고 나에게만 집중된 추억 조각들.

아련한 추억을 불러일으키는 것 중 으뜸은 첫사랑이 아닐까 싶다. 이성을 의식하는 정도를 어찌 측정할 수 있겠냐만, 남아있는 기억 강도를 기준 삼는 것도 유용한 척도일지 싶다. 임 아무개란 성씨까지도 희미하게 기억하는 여자에 대해 처음 느껴본 야릇한 느낌은 초등학교 4학년 때였다. 진전된 상태의 이성에 대한 성숙한 감정은 물론 대학생이 된 뒤부터 더욱 확실하게 인식하게 되었지만, 그 시절 자연스레 여자를 가까이할 수 있었던 마지막 시기였다. 그래설까, 처음으로 다가온 여자로 그 학생이 떠오른다. 당시 5학년부터 남녀 반이 갈렸고 이후 동일 상황은 이어졌다. 이게 대학에 와서 비로소 바뀌었다. 강의실에서 또래 남녀가 동석할 수 있던 시절이었으니 대학에 가고 싶던 한 이유이기도 했다.

처음 강의실에서 여자를 바라볼 수 있던 그때, 대학생 된 보람을 분명하게 느꼈다.

  오늘조차도 처음 맞이하는 새로운 날이다. 이날은 어제도 없었고 내일도 오늘과 다른 날이니 처음 날이 아닌가. 반복되는 일상으로 보이지만 곰곰이 헤아려보면 모든 게 처음 아닌 것이 없다. 처음 맛보는 생생한 감각을 찾아내지 못하거나 사소한 어떤 것을 지나칠 뿐, 언제나 그것과 만남은 처음이다. 처음은 누구나 무엇이라도 조심하고 마음을 다스려 잡고 소중하게 생각한다. 지금까지와 다른 어떤 것이니까. 그렇지만 얼마 안 가면 쉽게 그걸 잊는다. 연속되는 상황으로 처음 느꼈던 감정은 약화되고 어느 사이 무심하게 변하기 마련이다. 그 설레고 생생하던 순간은 잊히고 희미해지는 것만 아니다. 이 망각과 생의 둔감은 삶의 활기도 함께 가져간다. 그래서 우리는 다른 새로운 것, 처음 접할 수 있는 어떤 것을 찾아 나서게 하는지도 모른다. 첫사랑의 달콤함을 다시 또 맛보려고.

아름다운 손

여자의 아름다운 손을 섬섬옥수라고 일컫는다. 섬섬纖纖은 곱고 가는 비단이요, 옥수玉手는 옥처럼 약간 파르스름하게 맑은 빛을 띠는 손이란 뜻이다. 손의 외면 아름다움을 비유한 이 말은 형태보다 색상에 초점을 맞춘다. 결국 여자 손을 어느 것으로 비유한다 해도 곱다는 것을 강조하는 셈. 손의 외형상 생김새보다 눈에 보이는 색깔에서 여성 아름다움을 찾으려 하는 사내의 시각이 드러난다.

사람 손을 미감 면에서 보면 특별히 여자가 아름답다고 보기는 어렵다. 다만 사춘기를 거치면서 각각 다른 호르몬 작용으로 여자 피부는 남자보다 고울 가능성이 크다. 그 결과로 여자 손이 빛깔이나 피부 탄력에서 남자와 다르게 변하여 그런 차이를 보인다. 여자 손이 남자보다 아름다운 건 어느 면에서 사실이라 보면 이에 동의하지 못할 건 없다.

여자 손이 아름다워야 하는가? 이 물음에는 어떤 대답이 가능할까? 여자를 미적 대상으로 본다면 당연히 그래야 할 것이다. 실상 여부와 달리 존재에 관한 현상적 인식 결과이니 당위성을 인정할 수 있다. 왜 여자 손만 아름다워야 하는가에 대해 의문을 품는다면 어떤 반응이 있을까? 다른 이는 어떨지 모르나 나에겐 꽤 호기심을 품게 한다. 물가에 외다리로 서 있는 가을철 두루미에게 의견을 듣고 싶을 만큼 흥미롭다. 왜 여자 손은 아름다워야 하는가.

조상들은 여자 솜씨를 목록에 올려놓았다. 손이 부릴 수 있는 것으로 음식과 바느질 솜씨를 꼽았다. 조리하면서 재료와 양념을 버무리는 데 여인 손맛을 인정했고, 침선針線이라는 여인의 의복 마름질하는 솜씨를 높이 샀다. 여인이 갖추어야 하는 부덕婦德의 필수 기능으로 이것을 요구하고 수련하길 바랐다. 여인이 반드시 집 안에서 해야 할 일 중에 으뜸으로 이를 내세웠다. 오랜 시간 여자 손의 노동으로 이룩하는 솜씨다.

어떠한 기계라도 쓰다 보면 닳게 되고 원래 고운 모양이 변하게 마련이다. 하물며 여인 손이야 더 말해 무엇 하겠는가. 음식 조리하고 의복 수선하며 손을 자주 쓰면 소녀적 아름다운 여자 손은 애초 색과 형태로부터 차츰 멀어진다. 거 뭇해지고 거칠어지며 휘어지고 뭉툭해진다. 길고 가느다랗고 파리한 듯 곱던 손은 연기가 허공으로 사라진 뒤와 다를 바 없이 되었다. 여인 손에서 아름다움 찾기는 이젠 서로 소 닭 보듯 처지가 달라졌다 한들 이를 반박할 논객 구하기는 어려울 터다.

이쯤에서 여자 손이 아름다워야 한다는 명제는 수정이 필요하게 되었다. 아니라면 손을 아름답게 유지하기 위해 손에서 음식과 바느질을 금해야 할 것이다. 여인에게 이것을 계속 맡기면서 아름답기를 바라는 것은 숲에서 물고기를 구하는 것처럼 어려운 일이고 이치에 닿지도 않는다. 그런데 여인이 아름다운 손을 유지하길 바라는 남정네가 아직 있다면 이에 대한 대책을 내놓던가, 생각을 바꾸든가 둘 중 하나를 선택해야 한다.

그러하니 아름다운 손에 대한 우리 인식을 바꾸어야 한다. 손의 본래 기능이 무엇인가 되돌아볼 필요가 있다. 손은 장식품인가. 살아가기 위해서 여러 동작을 작동하도록 기능적 역할을 맡긴 것인가. 둘 다 만족한 답은 아니다. 태어난 지 얼마 안 된 아기를 살피는 게 손쉬운 답이다. 그 작은 꼬물

거리는 손으로 무얼 하는가 보아라. 엄마 젖꼭지를 만지고 가슴을 더듬고 꼼지락거린다. 생존하고 살아가기 위한 적절한 도구다. 손이란 바로 도구성이 태생적 의미임을 부인할 수 없다.

하여 손의 아름다움은 기능적 충실성에서 찾아야 한다. 손이 타고난 제 역할을 충실히 할 때 분명히 아름답다. 외형적 자태가 아니라 맛난 음식을 만들어 식탁에 올릴 때, 해진 옷을 기워 수선한 옷을 입힐 때 그 손은 아름다운 소임을 다한다. 손이 타고난 제 기능에 맞게 소질을 발휘할 때 아름답다고 해야 할 것이다. 아름다움은 진실과 서로 통한다. 진실한 것이 아름답고 아름다운 것이 진실하다. 이 둘을 어찌 떼어놓고 바라볼 수 있는가. 둘이 혼연일체일 때 엄정하고 까칠한 신도 축복을 내릴 게 분명하다.

손의 기능에 충직하기 위해선 피부도 거칠어지고 모양도 바뀌는 대가를 지불하지 않으면 안 된다. 겉의 번지르르함이 아니라 내면 충실은 바로 이것을 일컫는다. 우리는 이 손의 아름다움을 보아야 한다. 자식 생계를 위해서 바느질로 굽어진 손마디를 누가 흉하다 하겠는가. 그보다 더욱 아름다운 손을 어디서 만날 것인가. 농부農婦의 손마디가 굵어진 것을 누가 추하다 할 것인가. 노동의 아름다움을 예서 보지 않으면 어디에서 볼 것인가.

참된 인생을 위하여 기꺼이 소임을 다한 손에서 아름다움을 찾을 때 여인 손이 아름다워야 한다는 명제는 수정할 기회를 발견한 것이다. 어찌 여인의 손만 아름답기를 바라겠는가. 글 한 편을 위해 원고지에서 수고를 마다하지 않는 작가 손, 바다의 거센 파도를 헤치고 그물을 끌어 올리는 어부 손, 공장 기계를 돌리며 기름때 절은 손이 어찌 아름답지 않은가. 누군가를 위해서 무언가를 위해 손을 열심히 놀릴 때 그 손은 아름답다. 수고하는 모든 손은 아름답다.

사랑은 아무나 하나

 누나네 집 마당을 들어서면서 깜짝 놀란다. '진산이'가 호기심 가득한 얼굴로 쳐다본다. 반갑다는 그의 언어인지 살랑살랑 꼬리까지 흔든다. 진산인 집에서 기르다 누나네로 보낸 진돗개다. 놀라운 눈으로 가까이 가서 자세히 보니 다리가 매우 짧다. 몸체 모양은 아비 진산을 닮았는데, 다리는 어미인 발바리를 유전한 결과다.

 진산일 빼닮은 암컷인데 불리는 이름도 없어 아비를 이어 진순으로 작명하여 세상에 온 걸 축하한다. 누나네 머무르는 며칠 동안 동네를 함께 산책하며 친교를 다진다. 진돗개 후손답게 호기심이 많아 외출 행보가 아주 바쁘다. 경계심이 많던 발바리 자손이라 조심성까지 타고 났다. 이곳저곳 바쁘게 탐색하느라 따라가는 발길 벅차다. 아비는 진돗개요, 어미는 발바리인 진순이를 만나본 지 얼마 아니라도 정이 도랑물처럼 졸졸 흘러간다.

발바리는 주인 손도 잘 안 타는 자유 부인이었다. 밥은 집에 와 먹고 잠도 자지만 식사와 잠자리를 챙겨 주는 주인에게 당연한 인사 예절도 모르고, 접근마저 쉽게 허락하지 않았다. 나름 꽤 도도한 여인이었다. 나를 보곤 줄행랑을 치거나 멀찍이 지켜보기만 했다. 누나네 머무를 동안 본 것도 얼마 안 된다. 진산일 맡기러 갔을 때도 주위만 뱅뱅 돌고 근처에 오지 않았다. 진산이 집 근처에는 애초 가까이 올 생각도 없는 것처럼 보였다. 둘 사이 체격 크기도 꽤 나고, 야성이 퍽 사나운 진돗개 사나이라서 더욱 그랬는지 모르겠다.

얼마 뒤에 놀라운 소식을 들었다. 발바리가 진산일 닮은 새끼 둘, 발바리 세 마리를 낳았단다. 언제 그 둘이 사귀고 새끼까지 낳았는지 주인도 모를 일이라 했다. 발바리는 진산이 근처는 무서운 듯 멀리서 맴돌기만 했다고 들었는데 말이다. 참으로 인간으로서는 알 수 없는 개 세상이다. 밤역사인지, 주인이 농사일로 집 비운 사이에 그런 일이 일어났는지 가늠하지 못했지만 일어난 현실을 부정할 어떠한 논리도 땡감 나무 접붙이듯 붙일 수는 없다.

그 뒤에 강아지를 안아 보면서 한 마리쯤 가져다 기를까도 생각했지만, 진산이를 보내야 했던 사정이 바뀌지 않았으니 미련을 두고 와야 했다. 아비인 진산이는 기세가 올랐는지 야성이 발동했는지 그 뒤에 누이를 물어서 개장수한테 넘겼고, 발바리와 새끼들도 하나둘 다른 주인을 찾아 보내 버렸다. 마지막 한 마리 진순이만 남겨서 기른다. 짧은 다리만 빼고 나면 착각할 만큼 진산일 빼닮은 진순일 보면 정말이지 유전자의 놀라운 힘을 실감한다. 그야말로 핏줄 인연이 오묘하기만 하다.

그들은 인간처럼 자유연애로 짝을 구한 셈이다. 서로 짝이 되기 어려운 신체 조건이란 편견을 극복하고 자손까지 남겼다. 인간의 전공인 사랑과 나타난 결과는 별반 다르지 않다. 사람의 펑퍼짐한 상식으로는 알 수 없는 게 유전자 운행의 힘이고 아름다운 사랑 방식이다. 인간이든 짐승이든 암수 문제는 남이 세세한 실상을 알기 어렵다. 제삼자가 이해하기 어려운 구석이 너무 많다. 이 불가해한 힘이 지구에 사는 모든 생물 번성을 가져오는 섭리 하나가 아닐까 싶다. 사랑은 아무나 하는가 보다.

3장 잉크와 인생

콧수염 변명
머리칼 비밀
잉크와 인생
샛길이 좋다
삼백 원
주인님 시중
물레방아만 도나
미아삼거리
그것이 궁금하다

콧수염 변명

추석부터 다시 콧수염을 기른다. 며칠만 지나면 제 모습을 갖추게 될 것이다. 대략 2주 정도 기르면 된다는 것을 경험으로 안다. 이제 콧수염 기르는 것을 누구라도 관심 없길 바란다. 오늘까지 아내와 딸과 아들도 말이 없다. 자연스러운 일로 받아들이는가 보다. 가족뿐 아니라 아는 사람은 내 콧수염을 자연스럽게 생각하길 바란다. 그런 것을 바라며 왜 콧수염을 기르는지, 또 깎는지 밝히는 게 도리가 아닐까 생각한다.

콧수염 기르는 것은 한복 입는 것과 같은 맥락이다. 4년 전부터 생활한복을 정장으로 입기 시작했다. 처음엔 약간 용기도 필요했고, 쑥스러움을 견디기 위한 인내도 필요했다. 그것은 힐끗거리며 쳐다보는 시선이 불편하고 아는 분이 간혹 왜 한복을 입느냐 질문할 때 난처했다. 그도 옷을 입고 있는데, 왜 내 옷에 대해 궁금증을 가지는지 조금 의아했다. 그는 이른바 서양에서 들어온 신사복(양복)을 남자는 모두 입어야 하는 것처럼 고정된 생각에 매였다. 그 기준에서 보니까 내 옷차림이 이상하게 보였나 보다. 양복이나 한복이나 옷이고, 얼마든지 취향에 따라 입을 수 있는데도 고정된 인식에서 벗어나지 못한다. 개성이나 개별성이 무엇인지 생각도 안 해 보는 조금 답답한 사람으로 보인다.

한복 입는 이유는 우선 편하다. 양복은 와이셔츠와 넥타이를 반드시 챙겨야 한다. 와이셔츠까지는 그런대로 견딜 수 있지만 넥타이 매는 것은 그동안 참으로 힘들었다. 목을 조이는 답답함과 그것이 너풀거리며 여러 행동을 방해하는 게 싫었다. 하지만 한국에서 남성 정장으로 통일되다시피 했으므로 어떤 다른 선택 여지가 없었다. 성년이 입사入社할 때 양복은 이미 강요된 옷차림이다. 처음엔 양복 입는 것에 대한 거부감보다는 어떤 소속감이나 약간 우월감을 느끼기도 했다. 한 20여 년 양복 입고 살았다. 그동안에도 넥타이는 느슨하게 매거나 와이셔츠 맨 윗단추는 풀어놓고 넥타이로 적당히 가리고 지내왔다. 정장 안 해도 될 자리는 가벼운 옷을 자주 입었다. 그러다 우연한 기회에 생활한복이 있는 것을 알게 되었고 마음을 굳히고 입기 시작했으며 이제는 이 옷차림이 내 브랜드다.

　그러면 한복 입는 것과 콧수염 기르는 것의 연관을 풀어놓을 차례다. 혹시 눈치 빠른 분은 대강 왜 콧수염과 한복을 연관시키는지를 알아챘을 것이다. 양복의 불편함을 지적하면서 했던 말. 답답하고 불편한 양복 입던 경험, 부자연스러움과 답답함. 콧수염을 기르는 것도 바로 자연스러움과 편안함을 누리고 싶기 때문이다. 수염은 자연스럽게 몸에서 난다. 며칠만 안 깎아도 거뭇하게 자란다. 그것을 매일 깎는 것도 무척 귀찮다. 수염자리가 넓지 않지만 어쨌든 깎는 게 불편하다. 그냥 그대로 두면 어떨까 싶기도 하고 수염 기른 사람을 더러 보기도 하며 한 번 그냥 길러 보자고 생각했다. 우리 대학만 해도 과학교육과 K 교수도 수염을 멋지게 기른다. 수염을 기르지 않을 때는 특별히 눈에 띄지 않았는데 내가 바뀌니 그게 눈에 들어온다. 그분은 모양이 좋고 또한 잘 어울린다. 그분과 견주면 나는 어울리는 것도 별로 없고 모양도 그럴듯하지 않다. 그런데 계속 기르는 것은 자연스러움을 즐기려는 것.

　기르면 계속 기르지 또 깎는 건 왜인가 궁금해할 사람도 있으리라. 어느 해 학술 발표회 일로 체코 프라하에 갔다. 학회 행사를 마치고 회원들과 동유럽 여러 나라를 여행하였다. 물론 그때도 수염을 길렀다. 그러다 헝가리에서 그냥 수염을 밀었다. 갑자기 왜 그랬느냐 묻는다면 적절한 답이 없다. 기를 때도 깊이 생각해 보지 않고 시작했듯 깎을 때도 자연스러웠다. 수염을 기르는 것과 깎는 게 이런 것인데 지금 그것을 합리화시키려 애쓴다. 그러면서 가장 많이 쓴 단어가 '자연스러운'이다. 바로 이거다. 수염 기르기는 특별한 이유를 찾기 쉽지 않은 그저 자연스러운 행위고 또 나는 그렇게 살고 싶다.

지금은 수염 기르는 게 인위적이고 이상해 보이지만 이전엔 수염 깎는 것이 이상하고 인위이었다. 그야말로 세월 지나 자연스러운 털, 수염을 두고 이처럼 긴 변명을 늘어놓는 일이 오히려 부자연스럽다. 이것은 아마도 시대가 변했기 때문이고 부자연스러운 걸 그야말로 조금 벗어나 자연스럽게 살고 싶고, 그게 나에게는 한복 입기와 수염 기르기다. 가끔 수염 깎는 것도 역시 자연스러운 일. 앞으로 수염 깎거나 기르거나 한복 입거나 말거나 소박한 삶의 욕구일 뿐.

머리칼 비밀

 내 머리카락은 유난히 검다. 나이에 비해 특이하게 보일 정도다. 멋지게 표현한다면 칠흑 같다고 할 수 있을 만하다. 정작 나는 별로 의식하지 못하는데, 타인은 이것을 예리하게 찾아낸다. 머리칼 색을 보고 의아하게 물어온다.
 "방 선생, 그 머리 염색한 거요?"
 "아닙니다. 자연산입니다."
 이제 지천명知天命도 얼마 남지 않은 터라 머리가 희끗희끗할 때가 되었다. 대부분 경우 노안으로 돋보기를 쓰거나, 안경 벗고 글을 읽는 게 자연스럽다. 나도 잔글씨는 이제 안경 벗어들고 가까이 들여다보아야 한다. 머리 색만은 그렇지 않은 것이 그들 눈에는 이상하게 보였나 보다. 왜 머리칼은 눈과 달리 노화 증상인 탈색이 안 되는 것일까? 약간 성가신 물음에 응대하기 싫으니 밝히는 것이 좋겠다. 머리칼의 비밀을!

첫째, 어머니가 검은 머리를 유전으로 물려주었다. 당시 평균 수명보다 이른 마흔 넘자 홀로 먼 길을 가셨으나 칠흑 머리칼을 남겨주셨다. 이리 말할 수 있는 것은 나이가 아홉 살이나 아래인 남동생은 진작부터 머리칼이 희끗희끗하게 변색하여 나와 영 다르기 때문이다. 아버지는 마흔 무렵부터 허옇게 변한 머리칼을 쓸어 넘기며 사시다 역시 쉰 넘어 떠나셨으니 내 머리칼은 어머니 내림이 분명하다.

둘째, 머리칼 관리다. 언제부터 그랬는지 확실하지 않은데 그리 오래된 건 아니다. 어렸을 때는 대개 그러하듯 세탁비누로 머리카락을 빨았(?)다. 그러다 언제부터인가 샴푸가 등장해 당연하게 그걸로 꽤 긴 세월 동안 머리를 감았고 또 린스라는 것도 써봤다. 아마도 80년대 후반쯤으로 추정한다. 환경 중요성과 공해와 오염의 심각성을 하나둘씩 인식하면서부터 세제 문제점을 말하기 시작했다. 그때 알려진 것으로 모발 관리에는 샴푸보다 비누가 더 좋고 수질 오염도 덜한 것으로 알려졌다. 둘 다 좋다는데 그렇게 안 할 수 없어 한동안 비누를 썼다.

그러다 다시 비누와도 이별했다. 인간 신체는 신비하게

도 정밀한 관리 체제를 작동한다고 우연히 듣게 되었다. 몸은 각자 체질에 맞는 적합한 피부와 모발 관리를 위해 필요한 것을 자체 생산 공급한단다. 그 얘기를 듣고 보니 맞는 말이다. 가축을 제외하고 야생 동물은 모두 제각각 잘 산다. 인간도 시작은 야생 동물과 다름이 없었고, 문명으로 달라진 지금도 신체는 동물과 별로 달라지지 않았다. 이렇게 생각하면 야생 동물처럼 자연스러운 신체 관리 매카니즘에 가능한 많은 부분을 맡겨 놓는 것이 좋겠다는 생각이 들자 바로 실천하였다. 몇 년 전부터 특수 부위를 빼고 비누를 일절 사용하지 않고 피부 때도 밀지 않는다. 그러자 얼마간 세수하고 목욕해도 개운치 않았다. 그러나 하루 이틀 지나면서부터 익숙해지고 청결에도 별달리 문제가 없는 것을 확인한 터라 지금은 오히려 자연스럽다. 몸에 비누질 안 할 때도 머리만은 비누를 썼다. 남보다 비듬이 많았고, 기름 성분 때문에 자주 감아야 했다. 이게 쉽게 좋아지지 않았고, 약간 줄었다 다시 늘어나 수려한(?) 내 용모에 유일한 흠결이었다.

　이것을 퇴치하는 효과적 방법이 마땅하지 않던 차에 자체 실험에 다시 도전해 보았다. 머리도 비누를 쓰지 않는 것. 맹물로만 머리를 감으며 그 경과를 보자는 것. 이발소에서 머리를 감겨 줄 때도 맹물로만 감겨달라 했다. 그랬더니 그 주인이 조언한다. 여름철에는 머리에서 냄새날 테니, 식초를 첨가해 감으라고. 그다음부터 머리 감을 때 식초 몇 방울 첨가한다. 그렇게 하다 보니 처음엔 가렵고, 머리를 감았지만 말끔하거나 시원하지 않고 걸쩍지근하니 개운하지 않았다. 그래도 참고 견디니 적응되었는지 아니면 둔감하게 되었는지 견딜만 했다. 그 뒤로 가려운 것과 비듬 양도 줄었고 기름기도 감소했다. 비누가 자극하여 반작용으로 분비하던 지방도 자체 조절이 된 듯하였다. 자극하지 않자 방비도 필요 없게 된 신체 자율 관리 체제의 발동이 아닐까 하는 그럴듯한 과학적 해명(?)으로 확신하게 되었다.

  인간이 물질문명을 발달시켰고 그 혜택을 누리면서 편리하고 풍요롭게 산다. 이것은 의심할 수 없는 사실. 요사이 인공심장을 비롯한 장기를 개발하고 유전자를 조작하여 생명체를 복제하기도 하는 실험과 기술 개발이 하루가 다르게 발달한다. 머지않아 인간 신체 각종 장기를 인공으로 대체할 날도 올 수 있을 것이다. 그때쯤이면 머리칼의 검고 흰 것은 누구라도 선택하여 조정할 수 있을 터다. 염색하지 않더라도.

그러나 신체 메카니즘까지도 인위로 조절하는 데는 한계가 있지 않을까 하는 비과학적인(?) 생각까지 막을 수는 없으리라. 이 생각은 머리숱 관리에 관한 실험에서 확인한 어떤 것, 즉 자연을 거스르지 않고 사는 것이 어쩌면 더 과학적이 아닌가 하는, 조금 더 확신에 찬 삶의 태도가 그 바탕을 이룬다. 만약 머리칼이 지금처럼 까맣지 않고, 앞으로 내 나이 적 아버지처럼 희게 변한다 해도 결코 염색은 하지 않겠다. 왜냐하면 자연을 거스르지 않고 살고자 하는 나만의 삶이니까.

잉크와 인생

 어젯밤 비로소 며칠째 벼르던 만년필용 잉크를 샀습니다. 그동안 길이 엇갈려 집에 들어가서야, 오늘도 못 사고 들어왔구나 하고 탄식 아닌 아쉬움을 여러 날 느꼈지요. 오늘은 작심하고 집에 가는 길목 문구점에 들어갔습니다. 잉크 값을 물어보니 꽤 올랐더군요. 요즈음도 잉크를 찾는 사람이 있을까 싶었는데 문구점 주인이 구석에서 잉크를 꺼내어 먼지를 털고 내어주면서 "요사이 잉크를 찾는 사람이 가끔 있어요." 말하면서 약간 알듯 말듯 웃음을 짓습니다. 집으로 오면서 아직은 나 같은 사람이 더러 있기는 한데, 점차 없어져서 앞으로 만년필용 잉크를 사기도 어렵지 않을까 하고 잠시 생각에 빠졌습니다.
 아! 만년필, 그것은 학생 시절 정말로 갖고 싶은 매력 덩이 물건이었지요. 학교 입학과 졸업 선물로는 최고 귀한 또 가장 선호하는 선물이었습니다. 동급생 중에 누가 값나가고 좋은 만년필을 가지고 있으면 그렇게 부럽고 언제쯤이면 나도 저런 것을 가질까 하는 막연한 희망을 품기도 했지요. 성적이 무척 좋은 녀석의 학업 능력보다도 더 샘나고 부러운 어떤 것이었습니다. 휴대용 펜으로는 그것보다 편리하고 멋진 것이 없었지요.

왜냐하면 그때는 보통 펜과 잉크를 별도로 가지고 다니면서 필기 용구로 쓰던 시절이었기 때문이었지요. 잉크를 책가방에 넣어 다니다 잉크가 새어 나와 책과 공책을 물들인 것이 얼마이며, 수업 중에 잉크를 책상 위에 놓고 펜으로 찍어 쓰다 손이나 책으로 쳐 떨어뜨려 다른 급우한테도 피해를 주고 쩔쩔매던 것이 다반사였지요. 심지어 잉크가 가방에서 새어 도시락밥까지 잉크색으로 물들인 적도 부지기수였지요. 왜 또 그때는 잉크병이 그렇게 잘 새고 또 잘 깨지던지 참으로 안타까운 일이 셀 수 없을 정도였어요.

그런데 만년필은 펜과 잉크가 함께 붙어 있어 잉크 피해와 불편을 덜 수 있고 펜촉은 부드럽고 어찌나 매끄럽게 글씨가 써지던지 공부가 저절로 잘될 것 같았습니다. 어느 세월 이젠 볼펜이 만년필 자리를 누르고 필기구 대표로 등장했더군요. 그러고는 고만고만한 필기구, 주로 볼펜 굵기와 색깔 용도를 달리한 필기구, 사인펜, 플러스펜 등이 등장했습니다. 그러다 컴퓨터로 글 쓰는 시대가 어느 날 갑자기 쳐들어왔습니다. 지금 이 글도 모니터를 보며 키보드를 두드려 쓰고 있고요. 물론 휴대용 필기구는 아직도 볼펜 종류가 대종이고 저도 휴대용은 볼펜을 애용합니다. 이런 글은 컴퓨터 화면을 보면서 독수리 타법으로 씁니다. 이렇다 보니 글 쓰려면 으레껏 컴퓨터가 놓인 책상에 앉는 것이 거의 습관화되었다고 할까요, 현재는 그렇습니다.

그런데 글쓰기 방식에 예외가 있습니다. 볼펜과 컴퓨터를 제쳐 두고 만년필만으로 글 쓰는 경우가 있습니다. 일기지요. 쓰기 시작한 지는 꽤 되었는데 만년필이 아닌 어떤 다른 필기구를 쓰지는 않습니다. 물론 그사이 편리함 때문에 볼펜으로 쓴 적도 더러 있습니다만 나중에 보면 잉크가 번지고 글에서 풍기는 분위기가 어쩐지 정이 가지 않더군요. 삶의 기록이라기보다는 어떤 사무 기록으로만 보여서 볼펜으로 일기를 쓰면 제 인생이 어쩐지 황막해지고 더욱 답답해지지 않을까 하는 생각까지 들었지요. 그런 느낌이 든 뒤로는 일기는 만년필로만 씁니다. 일기장과 만년필, 잉크를 한

곳에 두고 필요할 때만 쓰는데 일기라는 것이 매일 써봐야 잉크 소모량이 얼마 안 되는지라, 잉크 한 병을 사면 꽤 오래갑니다. 그러니 잉크를 사는 횟수야 뻔하지요.

 잉크 한 병을 다 쓰고 새로 사는 느낌이 좋아 옛날 생각에 너무 흠뻑 빠졌습니다. 잉크 한 병으로 담은 그동안 제 삶은 어땠는지 모르겠습니다. 한 색으로만 써서 너무 단조로운 삶이 되었는지, 검은 잉크로만 썼으니까 빛이 나지 않는 삶을 살아왔던 것은 아닌지 되돌아보게 됩니다. 그렇다면 새로 산 잉크로 쓰게 될 제 인생 기록은 어떻게 될지 모르겠군요. 아마도 별다른 변화가 없지 않을까 예측해 봅니다. 한 가지 잉크, 같은 만년필로 채워 나가게 될 제 인생 노트가 크게 달라질 것 같지는 않군요. 그래도 새 잉크를 쓰는 만큼 조금은 새로운 마음으로 인생을 걸어가야 하지 않을까 잠시 생각해 볼 따름입니다.

샛길이 좋다

집 뒤꼍 산에 가끔 오른다. 거기 가는 넓은 길이 있다. 넓다고 해야 사람 둘이 비켜 지날 정도다. 폭의 물리적 넓이가 아니라 여러 사람이 자주 다닌다는 뜻에 더 가깝다. 좁은 샛길도 있다. 이 길은 사용 빈도가 아주 적은 길을 말한다.

샛길은 안 가본 길을 이리저리 찾아가는 재미가 있다. 색다른 모습을 보는 것도 신선하고 여러 갈래 샛길에서는 이쪽저쪽 기웃거리며 찾아가는 것도 소소한 즐거움이다. 길을 찾으면서 사람이 자주 안 다니니 호젓함은 있는데 잘못된 길이면 어쩌나 싶은 불안도 뒤따른다. 샛길은 넓고 큰길로 가다가 그 곁가지에서 만난다. 위험과 불안을 동반하지만 이 길은 새로운 도전이요, 또 다른 선택이다. 내 인생도 큰길보다 샛길로 살아온 것만 같다. 대학도 두 곳이나 다녔고 거기에 대학원까지 다녔으며 직장도 여러 번 이동하였다. 오늘날 직장 변경이야 흔한 일이지만 그렇지 않은 시절은 샛길의 삶이었다.

샛길에는 무엇이 있는가. 그 매력은 무얼까 곰곰이 생각을 굴려 본다. 넓고 큰길에 사람이 몰린다. 그곳에는 인간 욕망을 충족시킬 수 있는 가능성이 많다. 그런 기회를 노리고 여러 사람이 그 길을 택한다. 그런데 그곳에서 욕망을 충족하지 못했을 때 실망과 한탄도 그에 못지않게 많은 곳이다. 많은 기회가 있지만 여러 사람이 경쟁하기에 성공하는 사람도 많고 실패하는 사람도 역시 많다. 길이 넓다고 그 길이 모두 나한테만 넓은 것은 아니다. 넓고 길게 뻗어 있으니 쉽게 앞이 보인다. 그 길 끝까지 금방 갈 것만 같다. 그래서인지 많은 사람이 그 길에 나선다. 눈에 잘 띄고 여러 사람이 가고 있으나 그곳엔 그런 기회만 있는 것이 아니다. 성공 기회가 흔한 만큼 실패 변수도 아주 많다.

샛길은 그렇지 않다. 앞이 잘 안 보이니 조금은 불안하다. 그러나 작은 걸음으로 하나씩 주의하면서 가면 새로운 발견의 보람이 큰 성취 못지않게 반갑다. 여러 사람이 가지 않으므로 위험하기는 하다. 그만큼 욕망을 충족시킬 기회도 적다. 그러나 욕망 크기를 줄이면 달라진다. 줄인 욕망 크기만큼 여유가 있다. 그 여유 속에서 마음이 편안하다. 심하게 경쟁할 필요도 없다. 눈앞에 보이는 좁은 시야의 길을 한 발씩 천천히 가면 된다. 인생도 역시 그렇다. 세상에서 도를 닦는 사람은 산으로 간다. 그것도 샛길이나 바위굴 같은 좁은 공간이다. 인생도 시각을 달리 보면 도를 닦는 일과 별반 다르지 않다. 그래서 나는 샛길이 좋다.

삼백 원

　오늘날 화폐 가치로 보면 삼백 원은 정말 돈이랄 수도 없다. 이 돈으로 살 수 있는 물건을 찾기는 아마도 쉽지 않다. 아니면 아예 없을지도 모를 만큼 돈 삼백 원 가치는 너무 소소하다. 그런데 이 삼백 원 때문에 분기하였다면, 왜 그랬을까?
　제주 여행 중 숙소 앞 작은 편의점에서 벌어진 일. 방에서 마시려고 커피 믹스 소량 묶음을 골라 계산대로 갔다. 진열대에 붙어 있던 가격표 금액과 계산기 화면 금액이 달랐다. 점원은 화면 가격을 요구했고 나는 금액 차이에 대한 해명을 요구하였다(나중에 안 일이지만, 그 점원은 임시 고용된 고등학생이었다). 그는 계산기에 찍힌 대로 값을 받아야 한다고 가격표와 다른 금액을 요구하였지만, 그 가격표대로 값을 치르겠다고 나는 버티었다. 가격이 인상되었으나 그전 가격표를 그대로 붙여 놓아 그렇다고 해명하였지만 수용하지 않았다. 실랑이가 벌어지고 책임자까지 나섰어도 물러서지 않았다. 언쟁은 이어지고 가격표를 바꾸지 않은 매장 잘못이니 이 물건을 그 값에 꼭 사야겠다고 버티어 결국 그렇게 했다. 그 가격 차이는 불과 삼백 원!

 물건을 들고 가게 문을 나서는 순간 요구가 받아들여졌다는 만족감이 아닌, 무언가 몸에 끈적대는 불쾌함이 전신을 휘감아 버렸다. 꼭 살 것이 없는데 다시 그 상점에 들렀다. 이걸 조금이라도 덜어내는 것은 또 그 마트를 이용하는 것이란 생각이 그곳을 나선 지 얼마 안 되어 들었다. 그 아르바이트 학생한테 미안했다. 따지고 보면 삼백 원이란 적은 돈 때문에 잠시 그와 불편한 말을 주고받았다. 단돈 삼백 원 때문에 일어난 일인데, 국량이 무척 편협한 사람으로 퍽 작아지는 느낌이 들었다. 그저 적당히 물건을 고른 뒤 계산대에 올려놓았고 자세히 안 보았지만 외면하는 듯한 그녀 앞에서 현금으로 치렀다. 돌이켜 보면 내가 잘못한 것은 아니나 금액도 얼마 안 되고 그들도 실수할 수 있으니 다음에는 가격표를 정정하라고 점잖게 지적하며 값을 치르고 나올 수도 있었다.

하지만 그렇게 하지 못했다. 왜 그랬을까? 분명히 정당한 요구를 했고 잠시 실랑이는 있었으나 원칙에 맞게 행동했으며 매점의 부주의한 영업 실수에 대해 따끔하게 지적한 셈이다. 이것을 기업형 매점에 대한 소비자의 정당한 주권 행사를 한 것처럼 과시할 것은 아니나 결코 비난받을 잘못된 행동은 아니다. 가격 고저를 막론하고 필요한 처신이라 생각한다. 그런데 이 불편한 마음은 어디에서 연유한 것인지 알아내고 싶다.

나이 먹는다는 것, 또는 늙는다는 의미는 무엇일까? 이제 환갑이 가까워지니 이런 생각이 절로 든다. 신체 여러 능력과 기능의 점진적 쇠퇴인가. 아니면 다른 어떤 것의 변화인가. 노안 증세를 보인 것은 이미 오래전에 시작된 일로 새삼스럽지 않고 그렇게 흑색이었던 머리에서도 점차 하얗게 센 머리카락 수가 점차 늘어간다. 팔과 다리 힘도 슬금슬금 빠지고 있다. 이처럼 몸의 노화는 이미 출발역을 떠나 종착역을 향하는 열차처럼 기적을 울리며 밤낮으로 미지의 여행길에 올랐다.

인간 내면의 정신적 노화 단계로 성인 말씀 중에 종심소욕불유구從心所慾不踰矩란 경지가 있다는데, 이는 대체 어떤 것인가. 범인의 세속 잣대로 보면 어떤 수준 상태인가 가늠하기 무척 어렵다. 그런데 이것은 얼굴에 주름이 흘깃거리며 깊고 넓어지듯, 늙어가면서 스르르 체화되는 관용의 어떤 모습은 아닐까? 발길 돌려 그 매점에 다시 간 것은 젊은 그가 마음에 걸렸고 일부라도 솎아내 내 행태를 반성하고자 한 것이리라. 이 후행 또한 일종의 관용은 아닌지 자위하고 싶다.

주인님 시중

우리 동네는 개를 키우는 집이 많다. 단독주택이 밀집한 지역이므로 중형 견과 대형 견을 주로 키운다. 실내에서 키우는 애완견도 있지만 집 안에 들어가 보지 않는 이상 그것은 잘 알 수 없다. 그런데 동네에서 개를 끌고 다니는 사람, 특히 뒷산으로 개와 함께 산책하는 사람을 어렵지 않게 자주 본다.

나도 이 동네로 이사 와 한때 집 마당에서 진돗개를 키워보았다. 어린 강아지를 전남 진도에 직접 가서 데려왔다. 그때부터 아기 돌보듯 잠자리를 마련해 주고 먹이와 물을 공급하며 키웠다. 그러구러 일 년도 채 안 되어 훌쩍 성견이 되었다. 정말로 순식간에 작은 강아지가 커다란 개가 되어 버렸다. 이때는 좁은 마당에서 벗어나 넓은 공간에서 운동시켜야 한다. 이제부터 개의 시중을 들어주어야 한다. 개가 가자는 대로 따라가면서 영역 표시할 때나 변을 볼 때 그 뒤처리를 해야 한다. 개는 싸 놓기만 할 뿐 뒤처리를 제대로 하지 못한다. 물론 진돗개는 변을 보고 뒷발로 주위 흙을 차내며 덮는다. 하지만 충분하게 덮지도 못하고 정확하게 차지도 못하고 흉내만 내 주인이 그것을 마무리해야 한다. 목줄 매고 밖으로 나가면서부터 표면적으로는 주인이 개를 통제하는 듯 보인다. 실상은 개님(?)의 용변 후 뒤처리하는 시중꾼과 하나도 다르지 않다. 이 상황에서 사람은 주인이 아니라 개님의 시중을 드는 하인과 진배없다.

 이것은 작은 애완견을 키우는 경우도 별반 다르지 않을 것이다. 걸려서 다니기도 하지만 품 안에 안고 다니는 애완견 경우도 개가 직접 알아서 하는 것은 많지 않을 터, 먹이를 먹는 일과 놀거나 자는 일은 직접 하지만 그 밖 것은 주인이 살펴야 한다. 마치 갓난쟁이를 키우듯이 말이다. 아기 키울 때는 모든 것을 그에게 맞춰야 한다. 그러니 애가 상전이란 말도 있지 않은가. 이런 식으로 말하면 집 안에서도 모름지기 개가 상전인 셈. 아기를 키울 때는 그런 상황이 일시적이라 어느 정도 자라면 상하 관계가 사라지거나 미약해진다. 그러나 애완견 경우에는 이 관계는 끝이 없다. 무지개다리를 건너기 전까지.

 자녀를 키운 분은 모두 체험했듯 기쁘게 아기 시중을 들었다. 시중 자체가 기쁨이고 행복한 경험이었다. 작은 몸짓 하나, 용변 보는 것과 그것을 지켜보고 뒤처리하는 일이 크게 힘들거나 귀찮거나 하지 않고 즐겁고 재미나는 일이었다. 물론 애완견 시중을 들면서 우리는 이와 유사하게 경험하고 그런 즐거움 때문에 애완견을 키우기도 한다. 애완견 시중 드는 대신 그들은 외로울 때 동무가 되고 한 가족처럼 정을 주고받으며 행복한 시간을 대가로 안겨주기도 한다. 그런 마당에 주인과 하인 관계로 바라보는 내 시선이 잘못된 것일지도 모른다. 아니 괜한 시빗거리를 만드는 것은 아닐까?

 개가 단순히 사람과 함께 사는 가축에서 이제는 인생을 함께하는 반려 대표 자격을 얻기에 이르렀다. 외롭게 홀로 사는 사람의 허전함을 개가 메우면서 인생의 빈자리를 충분하고 훌륭하게 충족시킨다. 간혹 어떤 사람이 마지막 여생을 함께한 개나 고양이한테 유산을 물려주었다는 소식을 종종 듣게 된다. 그만큼 인간관계보다 더욱 돈독한 인간과 동물 관계로 변전한 시대에 우리는 살게 되었다. 그래설까, 그들을 반려동물로 부른다. 이런 시대에 개와 인간관계를 수직적

상하 관계로만 인식하여 주인이 어떻고 시중이 어떻고 하는 그야말로 '개소리(?)'를 하는 건 아닌지 하는 생각도 든다.

  그러나 대형 견에 끌려가면서 변 처리용 봉지를 들고 가는 사람을 보면 한편으론 안됐다는 생각이 드는 것 또한 어쩔 수 없다. 개는 그런 사정을 아는 듯 모르는 듯, 길가에 떡하니 용변 보고서 자리를 떠나 시원한 표정으로 서 있다. 그런데 개 주인(?)은 몸을 구부린 채 변을 치운다. 그 모습을 지나다 지켜보니, 왠지 개의 그런 뻔뻔한 태도가 얄미우면서도 그 사람이 무척 측은하게 보이는 건 어쩔 수 없다.

물레방아만 도나

 버스 타고 모임에 나가는 길이었다. 저상 버스라서 중간 문 이후부터 바닥이 높다. 그 높은 곳에 자리가 비었다. 앉으려다 보니, 그곳 바닥에 만 원짜리 돈이 떨어져 있다. 날 보고 돈이 배시시 웃으며 인사한다. 모른체할 수 없어 줍는 걸로 답례를 대신한다. 그걸 옆에 앉았던 여인이 보더니 자기가 떨어트린 거라고 달랜다. 그런가 보다 하고 준다. 그녀는 지갑을 꺼내더니 넣는다.
 이상하다. 내가 보기 전 자기 돈이 빠진 줄 몰랐다고? 버스 좌석 훤히 보이는 곳에 있었는데 모르고 말이야, 손가방에 든 돈이 왜 그 자리에 떨어지나? 자리에 앉으면서 떨어트렸다 해도 납득되지 않는다. 하여튼 내 돈이 아닌데다 자기 돈이라고 나서는 사람이 있어 주었으면 됐지 그걸 골똘히 생각할 게 뭐 있나. 그런데 주고 나서도 이상해서 옆자리 여자를 슬쩍 곁눈질했다. 무표정인 채 앉아있었다. 자기 돈을 주워 돌려주었으면 최소한 고맙다는 인사 정도는 해야 기본 도리이고 상식일 텐데. 그럴 바엔 칠칠맞지 못하게 돈을 흘리고 다니지나 말 것이지.

여러 생각이 오락가락하다 스르르 눈이 감긴다. 늦게 자고 일찍 일어났더니 잠시 졸린다. 졸다 옆에 앉은 여자가 내리려고 비켜 달래서 깨어난다. 여자가 내리는 걸 보다 앉은 자리를 무심코 보는데 어라, 만 원짜리 돈이 또 떨어져 있다. 하, 이거 여기가 황금 노다지 자리도 아닌데 자꾸 돈이 있네. 이건 주워 가져도 되겠다. 혹시 다른 구석에도 있나 둘러보았지만 더 이상 안 보이고 자기 돈이라 주장하며 나서는 사람도 없는데 일단 주머니에 넣는다. 버스 안에서 돈을 주웠으니 일단 내 것이다.

그런데 수상하다. 아까 보이지 않던 돈이 왜 거기 또 있을까? 자기 돈이라고 주장해서 채어간 그 여자가 또 돈을 흘리고 갔나? 그 여자는 자기 돈을 흘리고 다니는 게 전문인가? 그 여자와 나만 앉아있던 자린데 돈이 새로 날아왔을 리도 만무고. 이건 조금 전에 내린 그 여자가 놓아두고 내린 게 분명하다. 자기 돈이라고 달래서 넣고 알아보니 자기 돈이 아닌 걸 알았다, 그녀는. 그래서 분명히 양심과 금욕을 두고 갈등했으리라. 자기가 주웠으면 모르지만 남이 주운 걸 자기 것이라고 강탈(?)한 게 마음에 걸린 게 명백하다. 한참 고민했을 것이다. 막대한 돈을 받아 챙기고도 모르쇠로 일관하는 정치인과 달리 건전한 양심을 지닌 선량한 시민이므로. 내가 잠시 조는 틈에 그 돈을 슬쩍 바닥에 내려놓고 내린 것일 거라. 돈을 내놓고 양심을 도로 챙겨 넣고 내린 그녀, 잠시 의구심을 품었던 성급한 나, 다시 돌아온 이 돈을 어찌해야 하나, 버스를 내릴 때까지 그 처리를 놓고 갈팡질팡한다.

돈 만 원을 버스에서 주웠다고 파출소에 가서 신고하나, 하차하는 문 윗자리에 써 붙인 '버스 안에서 습득한 물건은 기사에게 맡겨주세요'대로 기사한테 맡기고 내려야 하나? 둘 다 마음이 냉큼 동하지 않는다. 이제 내 돈이 되었는데 이 행운을 그대로 꿀꺽할까? 바로 주웠더라면 혹 모를까? 다른 손을 거쳤다가 돌아온 이 돈을, 그대로 불로소득으로 잡기엔 왠지 께름칙하다. 이걸 어찌 처리해야 좋을까? 양심 찾아간 그녀가 얼마간 부럽다. 이건 나한테 쓰지 말고 남한테 쓰자. 약간 변형된 기부로 처리하자고 생각하니, 모임에 가던 길이 아주 다행스럽다. 이런 것은 빨리 해결해야 개운하다. 오래 묵어서 맛이 진해지는 장맛도 아니고, 신선할 때 맛 좋은 생선회처럼 후딱 먹어 치우는 게 좋다. 아직 시간도 이르니 군입거리로 그곳에 가면서 스낵 과자를 사가면 안성맞춤이다. 모이는 장소 근처 마트에서 종류별로 몇 개를 봉지에 담는다. 계산대 금액을 보고 움찔한다. 화면엔 정확히 만 원이다. 넘치면 더 내놓을 생각도 있었는데, 내가 신의 손인지 대충 집었더니 행운의 돈이 그대로 나를 거쳐 다른 사람 입으로 가게 될 줄이야. 과자 봉지를 들고 걷는데 그 무게보다 훨씬 내 마음은 가볍다.

아무리 화폐 가치가 떨어진 세상이라도 만 원을 주운 건 행운이 아닐 수 없다. 이 행운은 누군가의 주머니에서 떨어져 나왔고 그에게는 그만큼 불운이다. 이걸 내가 그대로 갖는다면 결코 행운이 될 수 없다. 그에게서 무상으로 나한테로 왔듯 나도 누군가에게로 환원해야 옳다. 행운이란 한 군데 머무르지 않고 계속 전달되고 순환해야 더 옳지 않겠는가. 아니, 옳겠다는 윤리적 판단보다 양심이 내리는 명령을 따르는 게 맘이 편하다. 만 원 소유보다 심리적 편안이 나에겐 더 소중하다. 행운이 돌고 돈다면 애초에 돈을 잃어버린 그 불운한 사람에게도 언젠가는 다시 돌아가는 것이 아닐까? 내가 주워서 옆자리 여자한테 갔다 다시 내게 돌아오듯. 어쩌면 물레방아만 돌고 도는 것이 아니라 세상만사 모두 돌고 도는 것이 아닌지 모르겠다.

미아삼거리

 천안삼거리는 민요까지 있으니 우리나라 삼거리를 대표한다 해도 틀리거나 지나친 말은 아니다. 그곳엔 능수버들이 휘늘어졌다고 민요 가사에도 나온다. 서울에서 삼남으로 내려가던 길이 충청도와 전라도 경상도로 갈리는 곳을 그렇게 불렀을 것이다. 그 밖에도 여러 지역에 삼거리는 많이 있을 텐데, 사는 곳과 멀지 않은 곳에 미아삼거리가 있다. 흘러간 옛노래인 〈단장의 미아리 고개〉를 돈암동에서 넘어 의정부로 향하는 곳에 안암동에서 오던 길과 만나는 자리를 부르던 이름. 얼마 전에 지하철을 타고 지나다 보니, '미아사거리'로 역명이 바뀌어 있는 걸 보았다. 지하철 개통부터 사용하였던 '미아삼거리' 역명이 그만 어느 사이 사라져버렸다.

 실제로 삼거리가 사거리로 된 것은 꽤 오래되었다. 더구나 차량의 원활한 통행을 위해 오랫동안 자동차 전용 육교까지 설치하였고 번동으로 넘어가는 길을 개통하여 사거리로 진즉에 사용했어도 그 역명에 대하여 별다른 개명 필요성을 깨닫지 못하였으리라. 그런데 자동차 통행에 그다지 효율적이지 않고 미관상 보기 흉하다 하여 도로 보도용 육교와 자동차 육교를 철거하는 흐름이 불었다. 그 조류에 청계천 고가도 이미 헐렸고 이곳 미아삼거리 고가도 사라졌다. 막힌 것을 헐고 보니 고가로 가려졌던 사거리 풍경이 한눈에 들어왔다. 그때부터 삼거리란 이름과 사거리 현장이 하나둘 사람들에게 막연히 어울리지 않게 보였을 것이다. 그래도 지명과 지형이 바뀌는 일이 어제오늘 일이 아니니 그대로 수년간 지냈는데 이제 현실에 맞게 바꾼 모양이다. 천안삼거리도 오래전 훤하게 사거리 대로로 바뀐 것으로 안다. 하지만 그 지명은 여전히 살아있다. 경기민요 〈천안삼거리〉가 불리는 한 사라질 수는 없을 것이다. 이런 것이 없어서인지 미아삼거리는 그만 넘어가는 태양처럼 역사 저편으로 사라지고 새로운 이름 미아사거리로만 남게 되나 보다.

  우리네 주소도 도로명 주소로 바뀌었다. 지번 주소에서 도로 좌우를 순차적 일련번호로 건물이 새로운 이름을 얻었다. 당연히 예전 이름은 점차 기억 속과 각종 문서에서 사라져 갈 것이다. 이에 따라 각 고유 지명 유래에 담긴 정겨운 향취가 사라지는 건 물론이고 도시 문명 속도 효율성과 편리함만 남아서 더욱 삭막해지지 않을는지. 도로명 주소로 바뀌면서 같은 도로명 번호가 수백 개에 이르는 게 하나 둘이 아니게 되었다. 처음 시작이 되는 1번부터 그 끝 번호인 수천 번까지는 전혀 도로 특성이나 개별성이 존재할 수 없게 되었다. 지역 나름 고유한 특성은 단순화한 번호에 의해 모두 사라졌다. 편의성만을 생각한 나머지 지역 명칭이 가진 문화 가치나 고유한 개별성이 사라진 셈이다. 마치 출석 편의를 위해서 학생을 이름이 아닌 번호로만 부르는 식이 되었다. 각자 개별성은 없고 번호만 남으니 사무적 효율성은 있을지 모르나 학생 개개인 개성은 찾을 수 없는 것처럼 말이다.

이러한 것은 우리 사회에서 이미 일반화된 현상이다. 사람을 번호 매겨 부르는 것은 감옥 죄수 번호만이 아니다. 방송에서 듣자면 걸어온 전화번호 끝자리로 사람을 부르는 일, 음식 주문하고 번호로 찾는 일, 사는 아파트 호수를 사람 대신으로 부르는 일 등은 주변에 널려 있다. 사람이 번호로 매겨진 현실은 미래 세계는 당연시될지도 모른다. 출생하면서 몸에 고유번호를 새겨 넣는 날이 다가올 수도 있다. 번호로만 존재 가치를 인정받는 인간, 그건 사람이 아니라 공장에서 생산된 제품이나 마트 상품과 다를 게 없다. 인간이 한 개 물건처럼 분류되는 날이 머지않았으니 근대 문명이 도달하게 될 필연적인 결말이 아닐는지도 알 수 없다.

사거리는 근대 문명 표상이다. 근대는 도시 건설과 도로망 확충으로부터 시작했다고 보아도 될 것이다. 요즘도 신도시를 건설할 때 보면 도로부터 뚫고 건물 짓는 것을 본다. 직선 도로가 교차하면 자연스레 사거리가 생긴다. 그런 사거리는 이제 도시 모든 도로에서 만난다. 그런 중에 삼거리는 오히려 특별한 경우에만 드물게 볼 수 있다. 그런데 지명에서도 삼거리가 하나씩 사라져 가니 이 이름에 대한 향수만 더욱 절절해진다. 사라지는 것이 어디 이름뿐이랴만, 인간 중심의 전래 문화는 물질 위주 현대 문명에 자리를 내어주고 패배하여 비틀거리면서 하나둘씩 곁에서 사라지고 있다. 삼거리 주막과 주모는 아득한 옛날 일이 되었듯, 지나면서 왠지 친숙하기만 했던 〈미아삼거리〉마저 사라지니 아쉬움이 커 편리한 지하철 교통 시설마저 밉게 보인다. 그렇다고 걸어 다닐 수도 없으니 이 딜레마 속에서 하루하루 살아갈 수밖에 없는 인생이 돌연 가엾기만 하다. '삼거리'란 이름 하나 때문에 너무 민감하게 반응하는 건 아닌지 모르겠지만.

정말로 이제는 의식마저도 보수주의자가 되어버렸다. 보수保守란 글자 뜻대로 '지킨다'이니, 현재 상태인 것을 그대로 지키고자 하는 의식일 터라, 이름 하나로도 이토록 아쉬운 마음을 드러내는 것은 확실한 보수다. 달리 보수주의자가 되는 게 아니라 세상의 재빠른 변화를 따라가기엔 점차 벅찬 것을 느끼다 보니 보이던 것이 바뀌지 않고 그대로 가면 좋겠다는 생각으로 굳어진다. 어느새 근력과 유연성도 떨어져 변화에 쉽게 적응하기 힘들고 어렵기만 하니 슬금슬금 그리된 것인가. 세상만사 그냥 이대로 있어 달라고 부탁하면 안 될까 싶다.

그것이 궁금하다

어떤 남녀 간 개별 사연을 타인이 뭐라 한다. 얼마 전 국제 영화제에서 수상한 유명 여배우와 감독 경우가 그렇다. 그들을 비난하는 편 잣대로는 스캔들이다. 로맨스로 보는 건 둘만 그럴지 모른다. 그건 진정 스캔들일까, 로맨스일까? 정말 궁금하지 않은가.

과거로 돌아가면 유사한 사건이 여럿 있다. 국내에선 영화배우 최무룡과 김지미도 그런 일이 있었고, 외국에선 잉그리드 버그만도 그랬다 하고, 엘리자베스 테일러도 그런 것으로 알고 있다. 이런 일은 꼽아보면 적지 않다. 요즘만 아니라 앞으로도 흡사한 사고가 끊이지 않을 것이다. 남녀 사이에서 일어나는 어쩌면 자연스러운 일인지 모르겠다.

인간 로맨스는 모두 부러워한다. 아름다운 사랑 행태로 보며 누구나 선망하는 일이다. 본능적 애욕의 당연한 발현으로 받아들이기 때문이라. 자기를 귀애貴愛하는 마음으로 다른 누군가를 사랑하는 것으로 보는 셈일까. 남을 사랑한다는 것은 자기애가 외부로 향한 것이니 그럴 만도 하다는 생각이 든다.

문학에선 로맨스가 단골 주제다. 선화공주와 서동, 평강공주와 온달 설화는 성춘향과 이몽룡으로 이어지고, 서양에선 로미오와 줄리엣이 대표적이다. 젊은 남녀 사랑이 아름다운 결실 혹은 비극적 결말로 다를지라도 분명한 것은 이 로맨스를 비난하거나 부정적으로 볼 꼬투리를 찾기 어렵다. 독자 마음에 선망 불씨를 심어두는 아름다운 로맨스가 아니던가.

치정癡情으로 불리는 스캔들은 흔한 시빗거리다. 손가락질해야만 하고 외면해도 좋은 죄악 하나로 보려 한다. 성경에서 말하는 부정한 간음 시선에서 멀리 벗어나지 못한다. 이 또한 문학에서도 즐겨 다룬다.《금병매》의 서문경과 반금련,《적과 흑》의 줄리앙, 이광수〈유정〉의 최석과 남정임,《채털리 부인의 사랑》에서 코니와 멜라스,《마담 보바리》의 엠마 등이 소설에서 만나는 스캔들 주인공이다. 대중사회 시각에선 그렇게 볼 만하나 작가는 스캔들을 로맨스로 전환시키려

한다. 이 판단은 독자 몫이지만 가능한 일이라 토를 달기 어렵다.

현실이나 문학에서 드러난 사태는 동일하지만 한쪽에선 로맨스나 다른 시선에선 스캔들이다. 누구라도 자신과 주인공에게 벌어진 상황을 스캔들로 인정하기 꺼린다. 향기가 폴폴 나는 로맨스로만 보고 싶어 하니 자기애가 넘쳐서 그런지 모른다. 자존감이 드러난 것일 수도 있고, 생명체 본연의 외침일 수도 있겠다. 아니면 각자 인생을 너무 사랑해서 일어나는 착각은 아닐까. 일회적 인생이 아쉬우니 고집스럽게라도 본능 따라 직진하는 것일까.

대다수는 남의 로맨스를 굳이 스캔들로 보고 싶어 한다. 경쟁 심리일까, 부러움의 반작용일까. 타인에게 일어난 일은 스캔들 관점에서만 보려고 한다. 내 것이 중요한 만큼 남 것은 깎아내리고자 하는 감정적 시샘의 심리에서 그런 것일까. 스캔들을 로맨스로 보아 줄 관용은 진정 조금도 없는 것인가. 나만의 시계視界를 너한테는 사랑으로 바꿔 줄 비책은 아예 없는가. 공동선을 향한 선의는 두꺼운 책에만 존재하는가.

스캔들과 로맨스는 부러움과 시기의 반영인지도 모르겠

다. 스캔들과 로맨스 바닥에 깔린 마음 뿌리는 무엇일까. 로맨스는 부럽지만 남의 것이기에 질투심이 작용하여 스캔들로 덧칠하고 싶은 것일까. 내 것이 아니니 멀찍이 바라볼 거리감이 작용해서 진실을 발견하는 때문인가. 스캔들과 로맨스가 합치하는 세상은 진정 없는 것인가. 음양의 조화처럼 화합과 원융圓融의 보름달은 하늘에만 있는지 궁금하기만 하다.

스캔들과 로맨스 사이에 어쩌면 진실이 숨겨 있을지 모르겠다. 사태 본질은 로맨스도 아니고, 스캔들도 아닌 그사이 어디쯤 오뚝하니 앉아있는 건 아닐까. 사물 무게 중심이 양극단이 아니라 중심점에 놓이는 것처럼. 스캔들도 시간이 흐르면 로맨스로 바뀌기도 하니 말이다. 스캔들이건 로맨스건 변치 않고 영원무궁한 것이 참말 세상에 실재하기는 하는 것인가.

타인의 글을 볼 때 나는 스캔들 관점에서 보게 된다. 읽다 보면 문제만 자주 눈에 뜨인다. 지적할 것이 손쉽게 잡힌다. 남 제사에 배 놓아라, 감을 놓아라, 참견하고 싶다. 장기판 훈수 두는 것처럼 재미가 쏠쏠하다. 어쩔 땐 스캔들처럼 떠벌리고 싶다. 그런데 내 글은 로맨스로만 보인다. 타인 글을 읽으며 한눈에 보이는 문제가 좀처럼 눈에 띄지 않는다. 헤집고 캐내면 작은 것이라도 흠집을 찾아낼 수 있을 테고, 타자他者가 거꾸로 보고, 뒤에서도 보려 한다면 스캔들 거리를 찾아낼 수도 있겠지만 말이다.

글을 읽고 뭐라 하는 건 스캔들을 캐는 '민완기자'를 닮아간다. 로맨스보다는 스캔들에 세상 이목이 더욱 관심을 끌기 때문이라설까. 로맨스보다 스캔들을 다루는 것이 한층 흥미가 솟아난다. 보통 자기 열등감은 숨기고 우월감을 내놓고 싶어 하지 않는가. 문인상경(文人相輕: 작가는 남의 글을 가벼이 여긴다)이란 말은 괜히 나왔을까.

작품을 읽으면서 로맨스로 보려 하거나 스캔들에 치중한다면 결코 바르다고 하기 어려울 터. 로맨스 시선에서 멀고, 스캔들 관점에서도 벗어난 쪽으로 다가서게 볼 수만 있다면 얼마나 좋겠는가. 어쩌면 열등감을 은근하게 감추고 우월감을 슬쩍 대신 드러낼 수 있어서일지 모른다. 누구라도 진짜 감상은 스캔들과 로맨스 사이 어디쯤 있을 것만 같다. 내 독서도 자주 스캔들과 로맨스 사이에서 길을 잃는데, 왜 그런지 무척 궁금하기만 하다.

4장 육십은 꽃띠

미녀 사랑법
명품이 어때서
머리칼에 부는 바람
전화 목소리
가방 여행
치마는 어떨지
엘리베이터에서
육십은 꽃띠
넥타이 풀기
썰매의 강

미녀 사랑법

 미녀를 사랑하고 싶다. 여러 미녀를 오랫동안 지속적으로. 아마도 이 생각은 나만 아니라 많은 남성의 욕망이 아닐까. 길을 걷다 또는 차를 타고 가다 혹은 영화나 드라마에서 여러 미녀를 만났고, 이에 대한 은밀한 심정을 껴안은 채 살고 있다. 하지만 지금껏 상큼한 해결 방법을 찾지 못했다. 그런데 오늘 문득 미녀 사랑법을 알았다. 한강을 건너는 전철 칸에서 무심하게 창밖을 바라보다 강가 벼랑에 만개한 개나리꽃을 보는 순간 알았다.

 들판에 저 홀로 피어 있는 꽃을 보면 아름답다고 느낀다. 그 꽃 이름도 정확히 모른 채. 또한 어디서 본 기억도 확실하지 않다. 혹시 바람에 일렁이는 고운 자태를 본 적이 있을 것이다. 그럴 때 저 꽃을 집으로 가져가면 좋겠다는 욕심을 낸다. 화병에 꽂아두고 보며 그 아름다움을 즐기겠다고 생각한다. 별다른 생각과 망설임 없이 꽃을 꺾는다. 일단 들판에 피어 있는 꽃을 꺾는 순간, 감각이 한 줌만 예민한 사람일지라도 실수했다고 깨달을 것이다. 하지만 이미 때는 늦었다. 혹간 그것을 느끼지 못한다 해도 시간문제일 뿐. 집으로 들고 오는 중에 대개 꽃은 시든다. 용케 싱싱한 그대로 가져오는 수도 있다. 집 안 화병에 꽃을 꽂아놓기도 한다. 들에서 보았던 아름다움을 계속 즐기려고. 과연 들판에서 보였던 야생화 아름다움이 집 안에서도 빛날 수 있을까? 그때쯤이면 그대 실수를 아쉽지만 인정해야 한다. 혹시 그 순간에도 이를 보지 못할 거라면 이 비법은 무용지물일 터, 이런 분은 그만 지금 여기서 조용히 멈추길 바란다.

  우리는 흔히 여인을 꽃에 비유한다. 꽃의 아름다운 빛깔과 향기가 여인과 닮았기 때문이다. 남자가 여자에게서 느끼는 고운 모습이나 은근하게 혹은 진하게 풍겨오는 향내가 꽃과 유사하다고 생각한다. 아니 그렇게 느끼기 마련이다. 수많은 글과 그림, 노랫가락에서 꽃은 여인이고 벌과 나비는 사내다. 별다른 이의를 제기하지 않고 우리는 천연덕스레 이에 동의한다. 그렇다. 여인은 우리 사내에게는 분명 꽃이다. 꽃이 풍기는 향내와 시각적 미美를 분명코 사내는 여인에게서 찾는다. 그렇다면 왜 꽃을 꺾어 집 안으로 불러들였을 때, 들판에서처럼 생생하지도 않고 곱지도 않고 향기를 풍기지도 못할까? 초연하게 피어 있는 들꽃만 아니라 담장에서 흐드러지던 장미꽃도 그러하다. 바로 이 미묘한 퀴즈를 풀 수 있는 자만 미녀를 마음껏 사랑할 수 있는 비법에 성큼 다가설 수 있다.

야생화는 들판에서 자라야만 아름다움을 뽐낸다. 그곳에서 태양 정기를 받고 풀잎 사이로 부는 바람에 흔들려야 들에 어울리는 향내를 풍길 수 있다. 들꽃은 야생초와 함께 있어야 한다. 그곳이 정해진 자리다. 들꽃이 아름다울 수 있는 곳은 그 땅이다. 초원을 떠나서는 들꽃다운 아름다움도 없고 고유 향내를 풍기지도 못한다. 미녀도 이와 흡사하다. 우리가 미녀를 발견한 그곳에서야 아름답게 보인다. 미녀를 마주친 그곳에서 어떤 다른 곳, 곁으로 불러와 나와 함께 있게 하면 그 아름다움은 어디론가 증발하고 없다. 그저 있다면 오기 전 어떤 아름다운 흔적만 겨우 남았을 뿐이다.

젊은 날에 가슴 뛰게 했던 미녀를 세월 흐른 뒤에 만나면 그냥 한 평범한 여인임을 발견할 것이다. 그녀는 더 이상 아름답지도 않고 가슴 뛰게 하는 매력도 가지고 있지 않다. 다만 한 생활인일 뿐, 이때 미녀는 더 이 세상에 존재하지 않는다. 하늘로 날아 가버린 뒤다. 겨우 희미한 기억만 과거 한때 미녀였다는 사실을 지니고 있을 따름, 아쉬움이 가슴속을 적셔 흐르는 걸 느끼지만 어쩔 수 없다.

이제 미녀 사랑 비법을 마무리하자. 세상에 시들지 않는 꽃이 없듯 영원한 미녀는 없다. 한때 어느 자리에서 잠시 아름다움을 빌렸을 뿐이다. 그 미에 접촉할 수 있었다면 그대는 운 좋게도 그 순간을 목격한 셈. 운성이 떨어질 때 그 순간을 보듯 황홀한 일출 광경을 우연히 만나듯. 수로首露 부인에게 꽃을 따 바친 신라 어느 한 노인처럼, 우리는 한순간 아름다운 여인을 스치듯 만날 뿐, 더 오랫동안 독점 소유하려는 것은 인간의 어리석은 집착이요, 욕심에 지나지 않는다.

다음부터 들꽃 꺾어올 생각을 버리자. 야생화를 자리에 있는 그대로 보는 것을 즐길 일이요, 바람에 풍겨오는 냄새를 그냥 맡을 일이다. 인연에 따라 그 자리에 있게 된 것을 축복으로 생각하면서 미의 발현 순간을 함께할 수 있는 것을 감사하며 은은한 향기를 들이마시고 그윽하게 바라보면 된다. 이것이 비로소 여러분에게 공개하는 나만의 미녀 사랑 법.

고개 돌려보니 전철 창밖 멀리 압구정이 보인다. 개나리꽃이 손짓하듯 바람결에 흔들린다. 잠깐 사이 개나리꽃 언덕도 한강 물도 시야에서 사라진다. 시선을 돌리자 맞은편 자리 여인이 벙싯 웃는다. 미소가 아주 곱다. 내 눈가에도 잠시 웃음이 번진다. 미녀를 바라본다. 오늘은 아침부터 횡재다.

명품이 어때서

 명품 하면 금방 떠오르는 건 여자 핸드백이다. 고관 부인 뇌물 목록에도 올라가고 혼수 중 빼놓을 수 없는 필수품 하나로 결혼 당사자인 신붓감이나 시댁 예단의 대표적 아이템이기도 하다. 가격도 만만치 않은 데도 심심찮게 이와 관련한 얘기를 듣는다.

 명품 핸드백에 대한 여인의 소유 욕망은 노소를 가리지 않고 동서양이 다르지 않은 것처럼 보인다. 각자 금전 소득과 살림살이 규모와도 무관하다. 뉴스에서 보면, 경기 호불호에 따라 이것을 소유하고 지키기 위한 고투가 눈물겹기까지 하다. 어려우면 그걸 맡기거나 내다 팔고 사정이 나아지면 다시 사거나 빌린다. 명품을 계속 소유하기 어려운 사람은 대여점을 이용하기도 한다. 잠시 필요할 때 빌려 사용하고 반납하는데 그 사업이 짭짤한 사업이란다. 그만큼 수요가 있다는 얘기다.

　이토록 명품 가방에 대한 집요한 욕망은 특히 우리나라 여성이 더한 것으로 알려졌다. 소위 명품 제조사들은 한국 여성을 공략하기 위한 다양한 전략을 짜고 생산과 마케팅에 신경 쓴다고 그런다. 심지어 명품 투자라는 신종 재테크까지 화제에 오를 정도다. 물건이란 사서 쓰다 보면 값이 내리는데, 이건 가격이 계속 올라도 수요는 줄지 않으니 일찍 사놓으면 남는 장사란다. 사용했는데도 값이 오르니 과거 한때 아파트와 같다. 너도나도 아파트를 사면 값이 오른다고 투자를 넘어 투기까지 간 적 있었다. 여성이 들고 다니는 핸드백이 이렇다 하니 그저 놀라울 뿐이다.

　그런데 말이다. 이런 여인들 행태에 장마철 물 구경하듯 돌만 던질 것인가. 남성 시각에서 또는 경제 효율성과 기능 관점에서 비난만 하는 것이 온당한 일일까? 이걸 수용하고 인정할 방도는 과연 없는가. 여인과 함께 살아갈 수밖에 없는 세상살이인데 이런 생각을 방치하기만 해서 해결될 일인가. 나는 물론이고 명품 차를 갖고 싶어 하는 남자도 적지 않은 일이니까. 이걸 부정적으로만 보는 것도 건전한 태도는 아닐 성싶다.

나는 명품을 소유하고 사랑하는 여인을 내심 이해해보련다. 아니 그 욕망 건전성을 인정하기로 마음 넓게 갖자고 다짐한다. 이건 뭐 여인들에게 호감을 얻으려는 불순한 수작도 아니고, 남성들의 현실적 시각에 대한 정면 도전도 아니다. 세상 사태에 관한 양면성을 이해하고 그에 관한 사유의 변전變轉쯤으로 해명하고 싶다. 어차피 없앨 수 없는 것은 그대로 두면 맘이 불편하여 그걸 해소하려는 심리일지도 모른다. 이것도 정신 노화의 하나는 아닐지 알기 어렵지만, 심사가 편한 쪽을 선택하려는 세상살이 타협의 산물이 아닌지 눙치는 셈으로 보아주면 좋겠다.

누구나 자기 인생이 성공하길 바라지 않는가. 행복하게 살고 싶고 남보다 나은 삶을 살아가고 싶은 것은 인지상정이다. 이른바 명품 인생을 꿈꾸지 않는가. 인생에 대해 한발 다가서 보기 시작하는 사춘기부터 청년기에 절정을 이루는 생각, 자기 생에 대한 애착과 집중은 자연스레 명품 인생을 누리고 싶어 한다. 이 생각 유효기간이 남자보다 여인이 좀 더 길어 보인다. 남자보다 먼저 꿈꾸기 시작하고 더 오랜 기간 이런 욕망을 품은 채 살아가는 게 여인이 아닐까. 남자보다 사춘기를 먼저 맞은 여인네가 수명도 더 길지 않던가. 노년 이혼을 요구하는 경우는 대개 여인인 걸 보면, 죽을 때까지 꿈꾸면서 사는 것이 여인이라 하면 지나친 성적性的 편견인가, 아니면 무지한 감성 단견일까.

얼마쯤 살아 보면 알게 된다. 명품 인생으로 살기가 그리 쉽지 않다는 걸, 그리고 그게 아무한테나 찾아오는 게 아니란 걸, 세파에 부딪고 이리저리 폭풍에 휘둘리면 금세 지치고 현실과 타협하면서 명품 인생 꿈을 자연스레 접게 된다. 처자식 생계를 책임져야 하는 기본 의무를 빠르게 깨닫게 되는 남자는 쉬이 명품 인생의 야망을 내려놓는다. 하루하루 살기가 버거운데 언제까지 명품 타령만 하겠는가. 현실에선 재빠른 타협과 인정이 더욱 효율 인생이란 걸 어렵지 않게 터득한다.

명품 인생에 대한 여인 욕구가 아직 남았는데, 그 꿈 한 덩이가 명품 가방에 대한 집요한 몰입은 아닐까? 그거라도 들고 있으면 마치 인생이 명품처럼 보이지 않겠는가. 젊은 처자가 애인이 아니라 또래 친구를 만나러 갈 때, 중년 부인이 동창회에 나갈 때 특히 소중하게 챙기고 싶은 것이 바로 명품 핸드백 하나 정도 들고 가야 하는 게 아니던가. 타인 시선에 민감한 그네, 명품 가방으로나마 자기 삶을 치장하고 싶어 한다고 누가 그녀를 향해 돌을 던지겠는가. 삶에 대해 지칠 줄 모르는 치열한 욕망에 대해, 명품으로라도 대리만족을 추구하는 열정을 인정해도 되지 않을까.

머리칼에 부는 바람

 남자 얼굴에는 수염이 난다. 입 주변이나 턱 또는 뺨에서도 털이 난다. 이걸 기르는 남자와 면도기로 빡빡 밀어대어 말끔하게 다듬는 신사가 있다. 지역과 종교에 따라서도 차이가 드러난다. 자율이든 강요된 문화이든 남자 사이에는 수염 기르는 남자와 깎는 남자로 나뉜다.

 여자 얼굴에선 수염이 나지 않는다. 미세한 솜털이 있을 뿐이다. 이걸 수염이라곤 부르지 않는다. 남자와 아주 다른 점이다. 남자 수염처럼 여자를 구분할 수 있는 그 차이는 무엇이 있는가. 그들도 얼굴, 정확히 가리키면 머리에 난 털인데, 이 머리칼을 기르는 여자와 자르는 여자 양편으로 나뉜다. 예외는 오로지 남녀 똑같이 이 머리칼을 밀어버리는 종교 수행자가 있을 뿐이다. 그 외 긴 머리 여자와 짧은 머리 여자가 있다. 이 역시 머리를 결단코 자르지 않는 여자가 사는 곳과 자율로 머리를 자르든 기르든 선택하는 지역이 있다.

  남자 수염과 마찬가지 여자의 신체 특징으로 머리칼을 꼽아도 하등 걸릴 것은 없다. 이 머리칼은 여자에게 과연 어떠한 의미인가. 이는 여자 자존심이다. 외향적으로 그녀를 드러내는 신체 상징이다. 짧거나 길거나 차이가 없다. 과거 왕조 시절의 여인에겐 가체加髢를 머리에 장신구로 사용하였다. 이건 여자가 얼마나 머리에 집중하는가를 가늠하는 역사 사례의 하나일 따름.

  여자 얼굴 핵심은 어딜까. 반짝이는 눈일까, 붉은 입술일까, 뺨일까, 코일까. 아니다. 얼굴 가장 위에 있는 머리라는 게 내 판단이다. 아니 틀렸다. 다른 곳은 맘대로 손대기 어렵지만 머리는 다룰 수 있기에 아름다움을 가꾸는 핵심이 된다. 타고난 용모의 숙명을 거역할 순 없다. 이 숙명을 거스르는 성형은 그래서 비도덕적이면서 인간답지 않다. 머리만은 맘대로 조종할 수 있다. 머리의 조종 가치를 알고 난 뒤부터 여인은 자신을 가꾼다. 아니 자기 여성성을 이 머리에 대한 인식에서부터 터득하기 시작한다고 보는 게 옳다. 여자 미모를 시작하는 곳이 얼굴에서 머리칼이고 완성하는 곳 역시 머리칼이란 말이다.

 머리칼은 계속 자란다. 자란다는 것은 매일 변화한다는 것. 이 변화에 맞추어 매일 머리를 매만져야 하는 여자는 그에 익숙하다. 머리 변화를 언제나 경험하기 때문이다. 시대 변화에 민감하게 반응하는 것은 남자가 아니라 여자다. 이건 머리칼로부터 익힌 솜씨다. 남자 수염은 뻣뻣하지만 여인 머리칼은 부드럽다. 여인 맘씨가 부드러운 것은 매일 부드러운 머리를 만지기 때문일 것이라는 내 생각이 편견만은 아니다. 남자가 여인의 긴 머리를 유독 좋아하는 것은 바로 이 부드러움을 사랑하고 싶기 때문이다. 머리칼의 부드러움이 없다면 아마도 여인을 사랑하는 마음이 꽤 줄어들 것이다.

 여성 전사는 결코 남자의 사랑을 받기 어렵다. 머리를 짧게 깎은 여자는 전사를 떠올려서 남성의 사랑을 얻기 어렵다. 그건 남자와 함께 싸우자는 외적 표시와 다르지 않다. 누군들 적을 사랑할 수 있겠는가. 적을 사랑해서는 전쟁에서 승리할 수 없다. 여자여, 남자로부터 사랑받고 싶다면 머리부터 길러라. 이것이 사랑스러운 여자에게 보내는 내 충고다.

자기를 사랑하는 여자치고 머리칼을 함부로 대하는 경우는 없다. 세상이 싫다고 말하는 여자는 머리부터 자른다. 그건 세상에 대한 복수를 감행하는 일이다. 세속을 떠나는 여자는 머리칼을 자르거나 숨긴다. 그건 남자로부터 자신을 소외시키는 일이다. 무슬림 여자의 머릿수건(히잡)은 결코 집 안에서 두르는 일이 없다. 외출하였을 때만 적용하는 옷차림이다. 외출할 때 그런 차림은 결코 세상에 속하도록 놔두지 않겠다는 그들 문화다. 밖에서 마주하는 외간 남자로부터 철저한 격리를 뜻한다. 심경 변화가 왔을 때도 여인은 머리칼에 손댄다. 이걸 드러낼 적당한 것은 머리칼밖에 그녀가 소유하지 못했기 때문이다. 변화무쌍한 젊은 여인이 많이 사는 곳에 미용실이 성업하는 것도 이 때문이다.

여인 마음을 갈대라고 부른다. 변화 폭과 깊이를 예측할 수 없기에 그러하리라. 셀 수 없을 정도로 많은 머리칼이 만드는 변화를 생각해 보시라. 왜 여인 마음이 그리 수시로 변화가 많은지 머리칼 숫자를 헤아려 본다면 답을 얻을 수 있으리라. 나르시스는 자기 얼굴을 사랑하다 연못에 빠져 죽었다. 여인이라면 자기 머리칼을 사랑하여 바람에 날려갔을지도 모른다. 바람에 날리는 머리칼을 붙잡으려 하다 아마도 산정에서 거센 바람에 날아가 버렸으리라.

이 머리칼이 변하면서 여인의 가정과 사회 위치는 함께 변화해갔다. 자유스러운 머리칼 웨이브는 기어코 '자유부인'을 탄생시키지 않았던가. 자유부인 때문에 자유로운 가정이 생기며 사회는 변화 흐름을 타고 말았다. 이로부터 머지않아 여인들이 하나둘씩 가정 울타리에서 사회의 세파로 밀려 나오고 걸어 나왔다. 직장 여성과 독신녀가 늘어나고 이에 맞추어 이혼녀와 홀어미 가정이 생겨났다. 이 어찌 머리칼 변화와 무관하겠는가. 하면 머리를 땋거나 쪽 찌던 시대의 남자는 얼마나 행복하였을까. 머리 변화가 없으니 여인의 마음도 달라지지 않았으리라. 일편단심과 일부종사는 이 머리칼의 고정 형태에서나 가능했으리라.

여인들끼리 싸움 끝은 머리끄덩이를 잡아당기는 일이다. 누구 손아귀에 머리칼이 많이 잡히느냐가 승패 분수령이다. 어떠한 말을 주고받거나 상관없이 많이 그러쥔 손아귀가 승리 깃발을 뽑은 셈이다. 남자 간 싸움은 코피가 누가 먼저 터지느냐에 결정되었던 것과 비교하면 분명코 그 정체가 드러나리라. 남자에겐 코가 자존심 상징이라면 여인 자존심은 결단코 머리칼에 있다. 머리칼을 서로 뜯지 않고 평화롭게 사는 아름다운 여인을 보고 싶다. 타고난 색상 머리칼을 부드럽게 날리면서 바람 부는 언덕에 서 있는 모습을 자주 보고 싶기 때문에라도 그렇다.

전화 목소리

"리~리 리~리, 라~라~라~라." 전화벨이 울린다. 누군가 나와 대화하고 싶다는 신호를 보낸다. 화면을 보니 저장되지 않은 번호. 모르는 사람인데 귀찮으니 그냥 꺼버릴까 잠시 망설인다. 번호가 바뀐 지인의 전화라면 큰 실례를 범할 수도 있다. 전화를 받는다. 황급히 "예, 여보세요." 하며 전화기에 대고 말의 손을 서둘러 잡는다.

집에 전화를 놓은 것은 결혼하기 얼마 전이었다. 한 자리 국번에 네 자리 번호, 그걸 놓고 나서 으쓱한 마음을 지녔다. 전화로 연락을 주고받을 인간관계가 많지도 않았던 시절이건만, 이제는 문명 생활을 즐기는 도시 현대인이 된 듯 만족감에 자주 울리지도 않던 전화기를 흐뭇하게 바라보며 한동안 행복감에 젖곤 했다.

전화기가 늘 그런 기쁨을 주는 것은 아니다. 슬픈 소식이 바로 날아와 괴롭기도 했다. 몰라도 되는 소식을 알게 되어 마음을 힘들게 쪼아대기도 했다. 그럴 땐 전화기를 괜히 설치한 건가 후회도 들었다. 반가운 소식보다 피하고 싶은 일을 더 빨리 자주 만나게 하였다. 이기가 아니라 흉기가 아닌가 하는 생각도 들게 하였다.

반면에 기다리는 반가운 소식은 좀체 들려오지 않았다. 시간 강사를 오래 하면서 전임 교수 자리를 애타게 기다리던 시절, 쉽사리 전화는 울리지 않았다. 매번 학기마다 초빙공고를 보고 서류와 연구물을 제출했건만 오는 전화는 '이번에 모시지 못해서 죄송합니다'라는 목소리만 들려왔다.

듣기 싫은 전화가 한둘이 아니지만 녹음된 홍보용 목소리가 들리는 것은 정말로 싫다. 내가 필요한 일로 받는 것도 아닌 그런 전화를 확인하면 바로 끊는다. 선거철에 울려오는 여론조사 전화나 선거 운동원 전화는 가장 듣기 싫은 전화 목소리다. 호감 가는 후보라도 그런 전화를 받으면 마음이 흔들린다. 그들은 그것이 효과 있을 거라 기대하겠지만 나한테는 오히려 역효과일 뿐이다. 기계로 사람 마음을 움직일 수 있다고 생각하는 그 용감함이 가엾기까지 하다. 그건 금전으로 사람의 선심을 사려는 파렴치한 행위일 뿐 아니라 불쾌한 시도라서 더욱 경멸한다.

낭랑한 목소리 전화를 받고 싶다. 그런 전화를 받을 때는 오랫동안 전화기를 잡고 싶다. 얼굴은 보이지 않고 목소리만으로 상상하며 대화하는 것은 야릇한 즐거움을 선사한다. 매력적 목소리를 가진 사람은 자주 여기저기 전화를 하는 게 사회의 명랑한 분위기를 위해서 바람직스러운 일이다. 목소리 울림이 부족해도 반가운 소식을 전하면 그것 역시 듣기 좋다. 청명한 음성으로 좋은 소식을 전해주는 반가운 전화를 나는 언제나 기다린다.

가방 여행

 가방이 무척 크다. 작은 몸피 여자인데 그걸 들고 계단 오르는데 많이 힘들어 보인다. 다가가 그걸 들어 주었다. 나에겐 그리 힘들지 않은데 그녀에게는 꽤 벅차 보인다. 당연히 여행에 필요한 것을 담았겠지만 그만큼 큰 가방이 필요한지 의문 들 때가 종종 있다. 마치 가방이 여행하는 것처럼 보이기 때문이다.

 여행할 때 나는 가방도 작고 안에 비어있는 공간이 있을 만큼 짐을 가능하면 적게 꾸린다. 그러면 저층 숙소는 엘리베이터를 기다리지 않고 가방 들고 계단으로 오르내릴 수 있고 이동에도 아주 편리하다. 그렇다고 필요한 물건을 안 가지고 가는 것은 아니다. 여행하는 데 특별한 불편이 없도록 중요한 것은 챙긴다. 다만 집이 아니니 결코 양보할 수 없는 필수품만 챙긴다. 일기장과 틈틈이 읽을 책, 카메라와 갈아입을 최소한 옷가지 등등. 해서 짐 때문에 별달리 힘들 것은 없다.

여자는 의상과 외모에 신경 많이 쓰니 그럴 수도 있다. 옷맵시 자랑도 아니고 패션쇼는 더욱 아닌데 함께 여행해 보면 여자는 대체로 여러 종류 옷을 준비해 가지고 와 날마다 갈아입는다. 자주 보게 되는 사람 눈을 즐겁게 하려고 눈요기 선행을 베푼다고 보면 감사한 일일지 모른다. 그것도 자발적으로 나서서 그러하니 봉사 정신에 경의를 표해야 한다는 생각이 잠시 들기도 한다. 그러면서도 고개가 갸웃거려지는 건 왜일까?

그러나 여행지 숙소를 옮길 때마다 무거운 가방을 들고 힘들어하는 모습은 왠지 보기가 거북하다. 대체로 다른 사람은 각자 짐을 챙기느라 그런 것에 관심 두지도 않고 무심하다. 나만 그런가. 이런 장면 볼 때마다 도와주지 않으면 마음이 편치 않다. 애처로운 생각이 들기까지 한다. 그렇다고 함부로 나서면 괜한 오해를 살 수도 있으니 조심스럽다. 남자가 어떤 여자에게 과잉(?) 친절을 베풀다 타인 눈총을 받을지 알 수 없다. 사람은 으레 자신이 하지 않는 일을 남이 하면 색안경 끼고 보기 십상이니 약간 인내와 경계가 필요하다.

여행 가방만이 아니다. 스스로 감당하지 못할 것을 가지려 애쓰는 사람을 심심치 않게 만난다. 아니면 소유하기는 하지만 지키고 관리하느라 많이 힘들어하는 경우도 자주 목격한다. 인간은 욕망 동물, 그 욕망 추구에 누구라도 예외는 없다. 그래도 어느 정도 자기 힘으로 제어 가능한 정도 욕망에 한정해야 하지 않을까? 철모르고 생떼 쓰는 젖먹이도 아닌데, 욕망 집착에 매여 허우적대는 사람을 보면 큰 가방 때문에 낑낑거리는 여인처럼 지켜보기 안쓰럽다.

우리 인생도 마찬가지 아닐까? 힘겨운 큰 가방 들고 가방이 여행 다니는 것처럼 욕망 크기를 한없이 키워 나날을 힘겹게 끌고 다니는 욕망을 무한정 키워 큰 가방에 욱여넣고 힘겹게 끌고 다니는 것은 아닐까? 삶을 되돌아보고 제힘으로 조절할 수 있게 적당한 짐을 꾸려 사는 게 좋지 않을까? 타인을 의식해 외양에 치중해 무거운 가방을 끌고 다니느라 세상살이가 더 괴로운 것은 아닌지 살펴볼 일이다. 욕망의 부피를 줄인 가방을 들고 다니면 더욱 행복한 인생 여행이 되지 않을까?

치마는 어떨지

지금은 누가 뭐라 해도 여성 상위 시대다. 단언하기 좀 그렇다면 대세가 이렇다는 말로 수정해보자. 스페인에선 여성 각료가 남성 숫자를 넘어서 국제 화제가 되기도 했다. 여자 목소리가 전보다 꽤 커지거나 많아지고 활동 영역도 가정을 넘어 각계로 활발하게 개척 중이다. 아니 터를 잡고 넓혀간다. 이 점은 개인과 가정을 넘어 일반 사회와 국가 전 부문을 거미줄처럼 촘촘하게 짜간다.

여성의 세상 전반 활동 범위가 늘어가면서 눈에 띄는 외적 변화는 바지가 여인 의상을 점령한 점이다. 바지는 외향성에 맞는 옷이고 활동하기 적합한 형태를 대표한다. 대부분 전투복과 사냥복이 바지인 게 이를 부인할 수 없는 증거다. 로마 시대에는 콜로세움 검투사와 롬바르드 평원 전사도 스커트를 입고 싸웠다. 드러난 활동성으로만 보아서는 치마도 바지 못잖았다는 실례일 수 있다. 실상이 그렇지만 스커트는 신체 보호에는 바지만 못한 것도 사실이다. 다리를 벌리는 활동을 하면 그 안이 노출되는 위험성이 스커트 약점이다. 하체용 전투복이 시대가 변하면서 바지로 바뀐 필연적 이유가 아닐는지 모를 일.

바지가 넘실대는 것은 오늘날 사회 모든 영역에서 여성 침투와 영역 확장이 진행 중인 시각적 증거일 것이다. 어디서나 여성성을 강조하는 경우는 스커트를 필수 장치인 듯 빠지지 않고 착용한다. 어떤 결혼식에서건 신부 드레스는 바로 스커트의 고유한 본질 기능이 무엇인지 언제라도 보여준다. 신부 예식 정복인 치마 차림과 신랑 바지는 남녀 성적 외면 이미지를 드러내는 데 거의 세계적이지 않은가 한다. 바지를 입은 신부는 과문인지 몰라도 본 적 없으니, 여성의 대표 상징 복장이 치마라는 것은 틀림없는 사실이 아닐까.

여성은 여성성 징표인 치마를 입을 수도 있고, 사회 활동복인 바지까지 입는다. 서로 본질 기능이 다른 두 의복 장점을 장착한 채 사회 전투 활동에 참전한다. 이는 전투에서 유용한 두 개 무기로 싸우는 듯 유리한 고지를 선점한 경우이다. 바지와 치마란 이중 무기로 바지만을 집중공격한다면,

오직 바지 무기 하나뿐인 남성이 사회 전투에서 승리할 경우는 흔치 않을 것이다.

이 시대 조류와 외형 변화가 의복에서도 일어난다면 이에 맞추어 조화롭게 대처하는 것이 합리적이지 않을까. 인류 사회를 오랫동안 독점하며 살아온 현대 남자도 이젠 절대적으로 불리한 형국에 놓였다. 이에 대응할 필요가 있지 않겠는가. 이왕 사회에서 남녀의 공정한 경쟁이 불가피하다면 동일한 조건에서 판을 벌여야 하는 것은 도박판이나 스포츠판이나 동등한 원칙이 아닐 수 없잖은가. 새로운 시대 변화에 순응하여 남녀가 조화롭게 사는 것을 합당하게 여긴다면 여자가 바지 입듯 남자도 치마를 둘러 대응해야 하지 않겠는가.

실상 남자도 오래전부터 치마를 입어 왔다. 모든 옷은 치마로부터 기원하여 분리 발달하여 왔다 해도 크게 어긋나지 않는다. 그러하다면 근본으로 돌아갈 필요성도 있다는 얘기다. 미개 원시 부족 옷은 천으로 몸을 가리는 기능은 같아도 길이와 천에 따라 형태가 다른 치마였다. 옷의 본질 기능은 외부 위험으로부터 신체를 보호하고 타인의 불편한 시선을 방지하는 데 있다. 피부를 보호하는 기능이 다른 동물보다 약한 인간이 신체 아닌 다른 물질을 이용하여 사용한 것이 의복이다. 의복 재료와 제조 기술이 발달하면서 활동하기 편하도록 팔다리에 맞게 수정해 왔다. 특히 이동성 활동이 편리하게 두 다리를 분리하여 의복을 만든 것이 바지요, 원시 형태를 그대로 유지한 것이 치마다.

지금도 예전 그 흔적들이 남은 것을 보기는 어렵지 않다. 남녀 통용 복장인 치마 형태엔 중국 치파오旗袍가 있고 우리 두루마기도 있다. 서양 망토는 소매 없이 어깨 위로 둘러 입는 상의요, 불교나 기독교 사제 의례복도 여전히 이를 사용하고 있고, 대학교 졸업식에서 보는 학위 복장도 그러하다. 이렇게 보자면 몸에 천을 둘러 의복으로 삼는 것은 오랜 인류 전통이라 할 만하다. 치마 역사와 실상이 이러하니 현대 사회에서도 이를 남자가 유용하게 쓴다면 좋지 않겠는가.

사회에서 남자도 치마를 입어보는 게 어떨지 제안한다. 오래전 어느 방송에서 치마만 입고 다니는 젊은 남자가 특이하여 화제로 삼은 걸 본 적이 있다. 그가 왜 치마만을 입고 사는지 자세한 기억은 없어도 상당히 도전적이어서 눈여겨보기도 했다. 이를 바라보는 사회 시선은 호의적이지 않지만 그런 시도 자체가 아예 없는 것은 아니다. 세상 모든 편견이나 고정 관념은 문제이니 남녀 의복에서도 이젠 벗어나야 하지 않겠는가.

바지와 치마는 신체의 지방 저장소인 두 개 고체 궁둥이를 가리고 외부 충격으로부터 보호하는 기본 기능 면에선 동일하다. 두 다리의 활발한 이동 편차가 사람마다 의복마다 있지만 평보平步 경우엔 차이가 거의 드러나지 않는다. 기본 기능에서 동등한 것이 치마와 바지라면 비상시가 아닌 경우에는 남녀 누구라도 치마와 바지를 착용하는 것에 편견을 거둘 때가 되지 않았을까. 오래전 여자가 바지를 입은 것에 불편한 시선을 보낸 적이 있었듯 남자의 치마 착용에도 그런 시선이 따라올 게 분명하긴 하지만.

바지는 측면과 후면에 시선을 모아 준다. 신체의 굴곡과 도드라진 입체 윤곽이 치마를 넘어선다. 치마 전면과 하부 유연성과 넉넉함은 바지가 따라올 수 없다. 치마 나름의 기능과 외형 장점이 있고, 바지는 상대적으로 몸의 탄력성과 근육 충만성이 속성이자 장점이다. 남녀가 서로 어울려 한 세상 살아야 하듯, 치마와 바지 또한 남녀 차이를 넘어 상호 조화롭게 의복 편견을 넘어서도 좋지 않을까.

엘리베이터에서

 나는 짱구다. 그것도 아주 심한 뒤통수 짱구다. 진즉 알긴 알았지만 보기 흉한 짱구라는 사실은 얼마 전에 확인했다. 남들은 뒤와 옆을 보면서 처음부터 알았을 터인데, 여태 모르고 있다가 이제야 분명히 안 셈이다. 어찌 이런 일이 있을 수 있는가.

 엘리베이터를 혼자 타고 올라가는 중이었다. 그런데 각진 모퉁이 알루미늄 표면과 유리창에 낯익은 듯하나 다소 낯선 모습이 보였다. 그건 바로 나였지만 평소 보아오던 내가 아니었다. 늘 앞만 거울에 비치던 것과 달리 옆모습과 얼핏 뒤 모양새까지 보이는 거였다. 마치 사방 면이 거울인 방에 들어선 듯, 적실的實한 옆과 뒤통수를 보여주었다. 정말이지 그전에는 뒤쪽을 본 기억이 거의 없다. 그동안 앞만 보면서 살아왔으니 나 같지 않게 보여 어색하고 이상하기만 했다.

분명한 것은 그 모습이 상당히 실망스러웠다는 점이다. 아니 저렇게 추한 꼴이었단 말인가. 뒤로 툭 튀어나온 짱구에다, 얼굴도 약간 고개를 뒤로 젖혀 위를 보는 기울어진 모양의 나, 참으로 가관이었다. 아니 고개를 돌리고 싶었다. 명색이 교수라고 학생에게 이래저래 잘난 척하기도 했고, 그런 식으로 세상에서 뻣뻣이 머리통 치켜들고 살아왔는데 남이 보았을 그 몰골은 정말로 딱한 형상이었다. 악, 하는 신음이 절로 새어 나왔다. 다행히 그 공간엔 홀로 있어 그나마 다행이었다.

 세상 모두 아는 나를 나만 모르고 있었다는 사실의 우연한 확인은 흘러온 삶의 면면을 돌이켜보게 한다. 꼽아보자면 보기 좋은 모습보다는 대체로 그렇지 않은 게 더 많을 것이다. 괜찮은 것은 그들이 말해주거나 나도 알고 있는 것인데, 나쁜 것은 돌아서 욕하거나 뒷말하면서 알리지 않았을 테니 정녕 나만 몰랐던 게다. 나만 모르는 안 좋은 나, 그것도 진정 나일 터이지만 자주 남한테 그런 모습을 보이는 것은 결코 유쾌한 세상 분위기에 좋지 않다. 명랑 사회를 위해서도 조금만 보이는 게 어떨지 고민스럽다.

 젊은 그녀도 그랬을 것이다. 엘리베이터에 타는 걸 보았다. 선글라스 쓴 게 먼저 눈에 띄고, 연한 황토색 원피스를 입은 게 보였다. 먼저 타고 있는 사람이 있어설까. 문을 향해 돌아섰다. 등 뒷부분이 둥그렇게 반달 형으로 파여 목과 등판이 과도하게 드러났다. 시원하게 보이고 멋졌다. 앞에는 선글라스 뒤에는 싱싱한 피부 노출로 여름철 멋쟁이 옷차림이다. 파여 드러낸 살갗에 시선이 가 닿는 건 남성 본능. 그러한데, 그녀 피부가 연한 황갈색인 것은 인종이 그러니 그렇다 치자. 그건 속살 일부인데 고운 결이 아니다. 거기에 거뭇한 점도 여러 개. 그도 한 매력 포인트라 볼 수 있으니 넘어가자. 여름철이라 그런지 손이 잘 안 닿아 그런지, 뾰루지도 난 듯하고(자세히 들여다보고 만져볼 수 없으니) 거칠어 미용 치료가 필요한 듯한 등을 눈앞에 어른대더니 활기 넘치는 당당한 걸음으로 내려 사라졌다.

아마도 그녀가 그런 자기 등쪽 살갗을 볼 수 있다면 남들 보라고 자신 있게 노출할 수 있을까. 그것을 보고 조언해 줄 사람이 없는 독신녀는 아닐까 하는 생각이 문득 들었다. 그런 것을 알고도 그랬다면 남의 시선에 무얼 신경 쓰느냐는 주의로 사는 여인일 터다. 그쯤이야 여름철 여성의 당연한 권리쯤으로 내세우거나, 선글라스를 쓴 걸로 보아 내 눈을 가렸으니 남은 못 보리라 추정했거나, 그쯤은 무시해도 좋은 욜로족(현재의 행복을 중요하게 여기며 생활하는 사람)일지도 모른다.

　다른 건 모르나 확실한 건 그녀도 자기 뒷모습을 제대로 보지 못했을 거란 점, 나처럼. 그녀만 아니라 모든 사람이 그럴 것이다. 뒷모습을 남의 뒤 보듯이 환히 볼 수 있다면 많은 걸 돌아보면서 조심하고 감추고 하며 살리라. 거울은 앞만 보여준다. 엘리베이터에서 나는 얼핏 실상을 보았으니 추한 모습을 알게 되었다. 그것도 갑년 인생을 살아온 지금에 보게 되었으니 다행인가, 불행인가. 불행이라기보다 늦었으나 이제라도 알게 되었으니 다행 아닐까 생각을 돌려 붙잡는다. 뒷모습을 못 보고 살아온 지난날이야 어쩔 수 없지만, 이제라도 뒤에 신경 쓰며 살 수 있으니 그나마 나은 건 아닌지, 그날 엘리베이터 벽면 거울이 고맙기만 하다.

　타인이 모르는 내 모습이 아마도 꽤 있을 것이다. 밖에서 보는 짱구 속에 무엇이 들어 있을지 제대로 아는 사람은 역시 없을 테고. 짱구 안에 숨겨 잘 보이지 않는 그 무엇, 끈적끈적 불온한 욕망과 깊이 잠긴 무의식까지 포함한다면 얼마나 많을까? 그것까지도 남이 알게 드러난다면 정녕 부끄럽고 두려운 일. 남 보기에 흉하지 않게 최대한 조심하고, 이제부터라도 잘 감추면서 살아가야 하지 않을까 싶다.

육십은 꽃띠

 연말에 대학 은사님 부부를 모시고 나들이 갔다. 은퇴하고 강화도에서 전원생활을 즐기는 선배를 찾아가는 길이었다. 사모님께서 그간 안부를 묻더니 나이를 궁금해했다. "내년이면 벌써 환갑입니다." 했더니, 사모님 왈, "지나고 보니, 육십 그 시절은 꽃띠였더라구요." 하셨다. 요즘 나를 돌아보면 육십이 꽃띠라는 말에 고개를 얼른 끄덕거릴 수 없었다. 뻣뻣한 고갤 돌려 차창 밖을 보니 스쳐 지나가는 한강 저편 풍경은 휑뎅그렁하니 스산하기만 했다. 삐죽삐죽 솟은 아파트 건물이 마음 한편에 그늘을 드리웠다.

 까마득한 어린 시절로 되돌아가지 않는다 해도, 불과 얼마 전까지 인생살이 육십 년을 기념하는 회갑 잔치는 심심찮게 열렸고 가족과 친지가 육십 세까지 장수한 것을 축하했다. 주인공 역시 환한 얼굴에 득의의 미소를 짓고 성공한 인생임을 숨기려 하지 않았다. 그만큼 환갑을 맞이하는 것은 잔치를 벌여 축하할 정도로 찬바람에 기침하듯 그리 흔한 일은 아니었다. 나 역시 그랬다. 부모님 두 분 모두 환갑을 맞이하지 못하고 세상을 떠나셨기에 더욱 실감했다.

그런데 요즘은 환갑잔치를 여는 자리에 초대받거나 그런 말을 듣기 어렵다. 학계에서도 흔하던 환갑 기념 논문집을 증정하던 일은 까마득한 과거 일처럼 가물거린다. 서로가 의식하지 못하던 사이에 인생살이 육십은 특별한 일이 아니라, 누구나 맞이하는 평범한 일이 되고 말았다. 급격한 고령화에 따른 파장이 밀려오면서 어려운 여러 문제가 기하급수로 늘어난다. 그 어수선하고 우왕좌왕하는 것을 보면 예상하지 못한 일기 변화로 갑자기 해일이 닥쳐온 듯 꽤 소란스럽다. 여기저기 다양한 발언이 시리즈로 나오고 개인이나 사회 국가는 이 변화에 대처할 방책을 짜내느라 수선스럽기 짝이 없다. 아예 신중년이란 신조어까지 만들어내더니 산지사방으로 확산일로다.

이제는 환갑을 맞이하는 일이 누구에게나 더 이상 특별한 일이 아닌 게 되었다. 그러면 나에게도 환갑은 별일 아닌 거다. 혹 달리 생각해도 혼자만 안으로 품을 뿐이지 외부로 말하거나 일 벌이는 것은 자칫하면 세상 웃음거리만 된다. 금의야행처럼 품만 들뿐 아니라 어쩌면 돈키호테처럼 풍차로 돌진하는 시류 이단아가 될 수도 있다. 환갑이란 의미가 남다른 해일지라도 앞서 지나간 다른 해와 마찬가지로 자연스레 맞이하고 무심하게 보내야 할 해인 셈이다. 성인도 시속을 따른다 했다는데 일개 필부인 나인들 별다른 수 있겠는가.

사람 목숨이 얼마인지 앞으로 몇 년이나 남았는지 아무도 모른다. 그걸 모르기에 환갑이라는 마디를 만들어 놓고 한 고비를 정리하기 위해 잔치도 벌이고 특별한 의미를 붙였을 것이다. 따지고 보면 육십이란 숫자는 10개와 12개의 간지가 맞물려 짝을 이루다 다시 제자리로 오는 수, 산술적으로 말하면 두 수의 최소공배수다. 별것 아닌 이 육십을 인생 산길에 대입하여 삶의 연속성에 각별한 의미를 부여한 거다. 산에 올라 본 사람은 알리라. 언제 오를지 모를 정상을 향해 한 발 한 발 가다 보면 꼭대기에 오르지만 높고 긴 코스일수록 등산객이 중간중간 쉬는 곳이 있어 누구라도 쉬어가야 하는 것처럼 인생 환갑도 그러한 의미가 아닐까 싶다.

단언컨대 지금 나는 꽃띠가 아니다. 신체는 말할 것 없고 정신도 분명코 그러하다. 기억도 점차 희미해지고 팔다리 근력도 한 해가 다르게 약해져 간다. 인생 산 오르기엔 솜뭉치에 물 스며들듯 숨차다. 이것은 앞으로 한층 가속할 것이고 갈수록 심신 상태는 봄철에 나뭇잎 피듯 자연스레 진행되리라. 어느 먼 훗날 오늘이 참 좋았다고 회상할 것이고 그때쯤에서 오늘이 꽃띠였구나 하며 회한에 잠길 게 분명하다.

과거 우리 사회가 빈곤에 허덕일 때는 회사마다 월급 가불 제도가 있었다. 나중에 받을 것을 미리 앞당겨 받아 당면한 금전 문제를 해결해주었던 제도. 요즘엔 금융회사에서 급전 대출이란 제도가 이걸 대신하고 있다. 삶이 강냉이 빵처럼 팍팍하고 소금장수 지게 짐처럼 고단하던 그 시절엔 대부분 가까운 시기에 갚을 요량으로 빚을 먼저 내 살았다. 그건 결코 바람직스러운 살림살이는 아니지만, 현재를 버텨내 밝은 미래로 가기 위해선 불가피한 경우도 간혹 있었다.

그렇다면 뒷날 생각을 앞당겨 가불하면 어떨까. 미래 시간을 오늘로 당겨 대출한다고 이자 붙는 것도 아닐 것이며 세금 더 내야 할 일도 아니잖은가. 이리 못할 것이 아무것도 없다. 당장 그리해보자. 오늘이 꽃띠라는 생각으로 가불해 살아가면 바로 이것이 꽃띠가 아닐 것인가. 먼 망각 바다로 흘러버린 과거 육십 년 세월이야 어쩔 수 없지만 오늘부터 쭉 나는 꽃띠로 알고 살아가면 어떨까. 이렇게 정리하고 보니 환갑을 맞이하면서 비로소 나는 꽃띠가 된 셈이다. 결국엔 은사 사모님 말씀이 옳다.

넥타이 풀기

 나는 넥타이를 매지 않는다. 신사 지표라 할 수 있는 넥타이를 매지 않으면 정장을 입은 게 아니다. 그런데 벌써 오래 전부터 거의 넥타이를 매지 않는다. 직장에 다니면서 넥타이 매지 않는 것은 여러모로 보아 정상이라 보기 어렵다. 물고기가 물에서 살지 않는 것이며 물에 살면서도 아가미로 호흡하지 않는 식이다. 물고기로 살기 어려운 상황에서 견디는 것은 신종 어류로 변신한 셈.

 넥타이를 처음 매던 날이 생각난다. 대학 졸업식에서 가운을 입기 위해 매달았다. 양복도 변변히 갖춰 입지 않은 상태에서 가운 밖으로 드러나는 곳에만 보이게 넥타이를 목에 걸었다. 그러곤 얼마 뒤에 취업하여 출근하면서 정식으로 매고 다녔다. 당연히 맬 줄 몰라서 매형한테 방법을 배우기도 했지만, 처음엔 그저 신기하고 자랑스럽기도 했다. 겉으로는 당당히 사회 구성원이 되었으니 이무기의 벼락 승천이 아니겠는가.

 그런데 얼마 지나지 않아 넥타이 매고 생활하기가 여간 불편한 게 아니란 걸 몸이 쉽게 눈치챘다. 속옷도 몸에 끼는 것이 싫어 넉넉한 것을 어린 시절부터 입어온 터이니 당연한 결과다. 아버지가 사 온 '삼각빤스'를 못 입겠다고 한바탕 앙탈 부리며 단식 투쟁까지 하는 불효도 저질렀다. 아들에게 신상품으로 한껏 맘을 쓴 것인데도 막무가내였다. 그 뒤론 헐렁한 옷만 입고 살았는데 밥줄인 양 목에다 달고 살자니 목줄에 매인 천생 강아지가 될 수밖에. 다른 도리 없으니 변칙을 쓰며 견뎠다. 느슨하게 풀었다가 조였다가 눈치를 보아가며 안 매거나 풀어버리거나 하면서.

 세월도 그냥 흐르는 게 아니었는지 의복에 변화 바람이 솔솔 불어왔다. 그것을 마음에 품었지만 단박에 수용할 여건이 아니었다. 별들이 뜨고 지고 서리가 내렸다 사라지길 여러 번이 지나서야 입어볼 용기를 냈다. 넥타이를 안 매는 옷차림, 바로 생활한복이었다. 전통 한복은 현대 생활에 조금 번잡스러웠지만 생활한복은 많은 부분을 개선해 크게 불편하지 않았다. 새로운 내 스타일로 자리 잡았다. 가는 자리마다 은근한 시선을 받는 것도 넥타이의 불편함을 감당해 온 보상인 것처럼 마냥 달았다.

어느 자리에서건 고유한 스타일로 자리를 굳혔다. 외국 여행하면서도 한두 벌 들고 가 입기도 했다. 여권용 사진에도 썼고 TV 인터뷰에도 그 차림이었고 국제학술대회 발표 자리에서도 같은 차림이었다. 집에서도 물론 한복을 입고 살았다. 한동안 그렇게 생활한복에 빠져 살았다. 신혼생활처럼 달콤한 나날이었다. 영원할 줄로만 알았던 신혼 단물도 시간의 마수를 벗어날 수는 없듯 한 뼘씩 틈이 벌어져가고 있었다. 몇 차례 빨아 입으면서 서서히 물이 빠지듯 그건 아주 차라리 자연 섭리였다.

한복 차림은 단맛만 나는 과일이 아니었다. 시고 떫은맛도 있다는 걸 주변에서 그들이 보내오는 호기심 눈길에서 보게 되었다. 남과 다르게 살려고 한다는 건 만용 주머니를 옷에 달아야 한다. 잘 어울리는 곳에 예쁘게 그 주머니를 다는 것이 욕망 바느질 솜씨만으로 되는 건 아니었다. 남과 다름을 별나게 취급하는 건 우리 사회 오랜 풍습이었다. 따돌림이란 말을 굳이 빌려오지 않는다 해도 함께 어울려 살려면 외부 눈길을 단호히 외면하는 건 한계가 있다. 한동안 잘 다니던 단골집에 슬며시 발길 뜸해지듯 양복으로 귀환하였다.

 귀환은 하였으되 그냥 물러서지 않았다. 항복은 하였으나 최대한 유리한 조건으로 협상한 외교가 솜씨를 흉내 냈다. 신사복의 정점인 넥타이를 매지 않는 것으로 몸과 타협을 이끌었다. 불온한 눈길로부터 거리를 두는 대신 목덜미 자유를 회복한 셈이다. 강경 주장으로 날밤 새우다 쪽박만 차는 정치인이 타산지석이 되었다. 개똥도 간혹 쓸 데가 있긴 있다. 눈 똑바로 뜨고 귀를 잘 기울이면 뜻하지 않는 곳에서 횡재하는 수가 더러 있다. 눈치 빠르면 절간에서도 젓국을 얻어먹는다는 말도 있지 않던가.

 그래도 신사복 입고 넥타이 매는 경우가 있다. 부모님 제삿날이다. 문상 가거나 예식장에 가는 때도 안 맨다. 양복은 입되 넥타이를 구박하는 이 부조리는 이젠 거의 변하지 않을 것이다. 알베르 카뮈 소설만 부조리 삶을 그려내는 건 아니다. 나는 생활 속에서 당당히 부조리한 삶을 실천한다. 앞으로 야심에 찬 부조리를 깰 때가 혹 있다면 아마 애들 혼례식 정도가 아닐까, 그밖엔 결단코 넥타이 맬 생각이 없다.

썰매의 강

 몇 해 전부터 시 쓰기 모임에 참여했다. 대개 음식점에서 모이는데 구성원 다수가 교사라 여름과 겨울 방학 시기에는 이따금 지방에서 모임을 열기도 했다. 회원 중 한 사람이 별장용으로 마련한 작은 아파트가 주문진 바닷가 부근에 있어 올해는 겨울 모임을 강원도로 옮겼다.

 그곳에서 하룻밤 보낸 뒤 마을 뒷산 산책에 나섰다. 걷자니 때마침 쏟아지는 겨울 햇살이 정겨웠다. 하나둘 양지쪽 둔덕에 앉아 햇볕을 쬐었다. 저마다 흘러간 과거를 품속에서 꺼내 보였다. 모두 금가고 낡았지만 소중한 추억 퍼즐을 서로 맞추니 즐거웠다. 고개를 끄덕였고 누군가 살며시 흘러간 옛노래를 나직이 중얼대기도 했다. 겨울새 몇 마리 우리 노랫소리에 화답하며 햇살 속으로 날아갔다. 눈을 돌리자 펼쳐진 산비탈 밭이 나지막하였다. 그 아래로는 가을걷

이가 끝난 논이 보였는데 너머에는 작은 호수가 있다고 했다. 우리 발길은 자연스레 마을로 내려가 호수로 향했다. 얼음이 꽁꽁 언 호수에는 사람이 꽤 많았다. 얼음 바닥에 구멍 내고 낚시하는 사람이 군데군데 보였고 어린이들은 썰매 타고 있었다.

초등학교에 다닐 때인지 그 전인지 확실하지 않은 어느 겨울철. 그날도 얼어붙은 논에서 한동네 사는 동무들과 썰매를 타고 놀았다. 세상을 향한 우리의 본능적 준비였을까. 아주 작은 것이라도 서로 내기하면서 생존 경쟁력을 키우던 시절, 만나면 자연스레 내기 걸면서 허기를 달랬다. 먹거리가 부족하기도 했지만 먹어도 늘 배가 허전하던 시절 놀이였다. 누가 빨리 썰매 타는지 경쟁이 붙었나 내기했나, 그 애 뒤를 쫓았다. 앞선 동무 썰매를 뒤따르며 꼬챙이를 힘껏 얼음판에 내리꽂으며 속력을 내었다. 얼추 따라잡았겠지. 그런 상황이 벌어진 걸 보면. 그 친구 꼬챙이가 그만 내 왼쪽 눈 위를 찍었다. 더 정확히 말하면 내가 그 꼬챙이에 얼굴을 들이민 셈인지도 모른다. 뒤를 볼 수 없는 채 동무는 힘껏 꼬챙이를 휘둘렀을 테고 추월하려는 나는 거리나 방향을 무시한 채 달렸을 게다. 그야말로 저돌적 무모한 행동 결과였으리라.

눈두덩이 찍힌 곳에서 피가 흘러 얼굴로 번졌고 마침 근처 사는 외삼촌 댁으로 갔고 지혈을 시도했으나 잘 멈추지 않자 숫돌 가루를 상처 난 곳에 발랐다. 상처는 아물었지만 눈 위쪽에는 흔적이 지금까지 남았다. 숫돌 가루의 검푸른 빛이 많이 희미해진 채로. 그 색이 지금보다 더 확실하게 남아 있던 지난날에는 눈언저리에 무엇이 묻었다는 지적을 종종 받기도 했다. 그 사건 후에 그 애와 어떻게 지냈는지 기억이 없다. 초등학교 2학년 겨울방학에 가족은 서울로 이사 왔기에. 그 뒤 고향에 갔을 때 한두 번 그 친구 소식을 들었다. 상처 흔적이 희미해지면서 썰매에 대한 아픈 기억은 사라져 갔고 더 이상 그 친구 소식도 들을 수 없었다. 그러면서 인생에서 유년은 멀리 흘러가 오랫동안 얼음장 아래에 잠겨버렸다.

썰매 타는 풍경이 눈앞에 펼쳐졌다. 저 멀리 호수 언저리 어딘가에 작은 소년이 잠시 보였다 사라졌다. 지난날 것과는 많이 달라진 썰매지만 문득 타고 싶어졌다. 그 시절 솜씨를 뽐내고 싶었다. 하지만 동행은 얼음판 위에 더 머무르고 싶어 하지 않았다. 도시 현실로 복귀할 시간이 많지 않았다. 날아가 버린 추억의 연을 따라잡기엔 가야 할 미답의 거리가 다소 멀었다. 썰매의 추억은 꺼내 보기만 하고 발길 돌려야 했고 바람 속으로 유년의 기억을 날려 보내야만 했다. 지금보다 더 먼 훗날 언젠가 또 꺼내 볼 날이 있겠지. 돌아보는 것이 추억이지, 걸어 썰매를 따라갈 수 없듯 그 시절로 돌아갈 수는 없다. 아쉬움을 저고리 안주머니에 깊이 접어 넣고 저만치 앞서 걸어간 동행의 뒤를 쫓았다. 호수 정령이 나지막이 작별 인사를 하는 듯 바람 소리가 우~우~웅 내 귀를 스쳐 지나갔다.

 세월의 강은 흘러갔다. 그 강에 떠가는 조각배에 실려 추억은 내 곁을 떠나 어디론가 멀리 사라져 갔다. 아쉬움 한 줌 흘리거나 그리움 한 장 남겨 놓은 채 망각의 바다 멀리 흘러간 걸까, 겨울바람에 불려 수평선 너머로 흩어진 걸까. 과거의 삶은 시공 속에 작은 흔적으로만 남겨졌다. 쓸쓸한 기억으로 머무르기도 하고 아름다운 추억으로 떠올라 잠시 웃음을 짓게도 한다. 그러면서 하나둘씩 내 곁에서 멀어졌다. 도대체 그러면 곁에 머무는 것은 무엇일까. 해답 없는 의문에 고개를 들어 해안에 부딪히고 떠나가는 파도에 물어봤다. 파도 역시 대답이 없다. 왔다가 다시 돌아가는 것이 인생 아닌가요, 라고 말하는 걸까, 그냥 오직 할 일이 그뿐이라는 듯 쉴 새 없이 오고 갔다. 별걸 다 묻네요, 그런 것 묻지 말고 묵묵히 앞에 보이는 길을 걸어가세요, 라고 귀띔하는 소리인가. 저 홀로 바쁜 파도와 작별하고 발길 돌렸다. 저 앞에 숙소로 돌아가는 동행이 보였다.

5장 죄와 벌

마누라는 없다
사기 공범
우산을 주워보니
죄와 벌
상대성이론
영역 지키기
이상한 사람
인생 공방전
편견에 대해

마누라는 없다

 남자가 여자에게 바라는 게 무얼까. 여자와 한집에서 살아온 지 서른 해쯤 되니 대충 알겠다. 인생살이 동반이지 별다른 게 없어 보인다. 이걸 잘 드러낸 말이 마누라란 명칭 아닌가 싶다. 여자가 마누라로 바뀌는 자연스러운 그간 세월이라 해도 인생이 샛길로 멀리 빠진 건 아니다.
 공 꽤나 들여 모셔 온 여자가 마누라로 바뀌어 가면서 아쉬운 게 한둘 아니다. 동거하기 전에 바라보았던 여자는 간 곳을 모르겠다. 까만 교복 치마와 저고리 위 하얀 깃에서 뿜어내던 신비함도 날아갔다. 통통하던 종아리를 타고 올라 둥그런 궁둥이에서 눈길을 잡아채던 야릇함도 사라졌다. 촉촉이 젖어 빛나던 입술 사이로 새어 나오며 귀를 울려대던 두근거림도 숨었다. 길고 고운 손가락으로 전해주던 촉각이 흔들던 심장 떨림도 걷어가 버렸다.

여자가 좋아 함께 살고 싶어 결혼했는데 그녀가 없어지다니 이 무슨 변고인가. 바라던 여자는 이제 어디에서 찾을 수 있는가. 곁에 여자를 두었는데도 여자가 없다니 이것을 어찌하나. 아니다, 여자는 분명하나 여자다운 것이 없어졌다. 내가 여자답다고 생각하던 것, 여자여서 바라보던 것을 더 이상 찾아내기 어렵다. 이 여성스러움은 어느 하늘로 증발해 버린 것인가. 결혼과 함께 면사포를 쓰는 순간에 그 속으로 숨어버린 것인가.

여자는 없다. 그냥 나와 함께 사는 한 사람만 남았다. 여자가 아닌 마누라. 나는 여자와 살고 싶었지, 마누라와 살고 싶은 것이 아니라는 걸 얼마 안 지나 깨우쳤다. 집 안에 들어오는 순간 밖에서 그렇게 많이 보던 여자는 신기하게 사라졌다. 집 문을 열고 한 발 들이는 순간 여자는 홀연 자취를 감추고 낯익은 마누라만 보였다.

집 밖 낯선 여자는 여전히 나에겐 여자다. 여자다운 것을 가진 여자가 틀림없다. 세상에 여자가 사라진 것은 아닌데 결혼한 나한테만 진짜 여자가 없는 거다. 아마 마누라도 외출하면 다른 남자에겐 여자로 보일 테지. 내가 그러한 것처럼. 그네도 누군가에겐 여자가 분명하나 나에겐 이미 여자가 아니다.

누구라도 이런 것일까. 커피 광고 중에 생각나는 게 있다. '애인 같은 아내와 한잔 커피를 즐긴다'라는. 아내는 마누라의 점잖은 말일 뿐 역시 애인인 여자와는 다르다는 인식 표현 아닌가. 애인 같은 아내, 마누라도 결혼 전에는 분명 내 애인이었다. 그 애인은 어디 가고 마누라만 남아서 애인 같은 아내를 그리워하며 차를 마셔야 하는지 진정 모를 일이다.

이 딜레마 해소책은 정녕 없는가. 밖으로 나가 여자를 다시 찾아 나서야 하는가. 안에서도 여자를 발견하려 애써야 하는가. 마누라를 여자로 다시 리모델링 해야 하는가. 이제는 여자 생각을 단념하고 살아야 하는가. 곰곰이 여러 방도를 생각해 보니 해결책은 있다. 그건 여자와 결혼하지 않고 동거인으로만 사는 것. 프랑스에 그런 경우가 많다고 들었다. 선진국이니 사고와 행동도 우리보다 선도적으로 나가서 그러한 것일까. 그들도 나와 같은 생각에서 과감하게 행동으로 옮긴 것인가.

결혼하면 여자가 사라지니 아예 여자를 사라지게 하는 제도를 없애면 또 하나 해결책이 되지 않을까. 동성 결혼은 허용하되 이성 결혼은 금지하는 법을 만들면 어떨까. 혹자에겐 너무 과격한 주장으로 들릴지도 모른다. 하지만 여자를 없어지게 하는 것보다 함께 이 아름다운 지구에서 살아가려면 그렇게라도 해야 하는 것이 아닌가.

 인류 역사와 함께 이어져 온 결혼제도를 없애야 한다는 내 의견에 동의할 사람은 그리 많지 않을 것이다. 인류 종속을 위협할 불온한 사상이므로. 이런 생각을 마누라가 혹시 알게 된다면 나에게 그럼 그만 살자고 전격 제안할지도 모른다. 그럼 나는 어찌해야 하나. 여자와 살지는 못해도 혼자 살기는 더 싫다. 그렇다면 아쉬워도 그냥 살아가면서 맘속에만 살짝 품어야겠다. 아니지. 현실성 없는 생각을 망상이라 하는데, 이에서 빨리 벗어나는 게 더 급선무 아닌지 모르겠다. 밥술이라도 덜 눈치 받고 때맞춰 받으려면.

 마누라한테 여자 타령이나 하는 내가 더 우스운 거 아닌지 모르겠다. 여태껏 마누라와 잘 살아오고서 이제 와 여자 정체가 어떠니 하면서 불만을 품는 건 실컷 배불리 먹고 '에, 맛없어'라고 퉁을 놓는 거와 뭐가 다른가. 그럴 게 아니다. 인생길에 함께 가는 것만으로도 만족해야 한다. 산길 가다 동반자가 안 보이면 이리저리 둘러보는 것처럼, 그냥 옆에만 있어도 다행으로 삼아야 하지 않을까. 저 창밖 여자를 슬쩍 곁눈질이나 하면서···.

사기 공범

 겨울 날씨가 아주 매섭다. 눈까지 내려 길은 여기저기 빙판이다. 종종걸음으로 예식장에 간다. 늦게 도착하는 바람에 이미 식은 끝나고 사진 촬영 중. 축의금만 내놓고 바로 식당으로 향한다. 사람이 바글거리는 잔칫집 풍경이라 아주 소란스럽다. 한 귀퉁이에 자리 잡고 앉는다.
 사람들은 결혼한다. 종교에 귀의하는 소수 성직자를 제외하고 모두 하기 마련이다. 누구나 하는 이 결혼은 인생의 중요한 선택이므로 신중하다. 결혼 전 연애 기간 서로에 대한 여러 사항을 탐색한다. 이때는 명탐정 셜록홈즈 이상으로 예리한 관찰과 최신 과학적 분석 방법을 동원하고 최대한 주변 탐색을 거친다. 필요 과정을 충분하게 거친 결과 결혼을 감행한다.
 사랑에 빠져 눈이 먼 상태로 결혼하기도 하고 엉겁결에 짝을 만나기도 하지만 그런 절차 중에서도 당시 배우자에 대한 여러 사항을 판단하여 혼인하고 함께 살림을 꾸린다. 이 판단에는 부모를 비롯한 가족과 친지, 주변 지인을 직·간접으로 동원하며 다방면으로 검토하고 확인한다. 다양한 시스템 점검을 거쳐 최종 낙점한 뒤에도 수시로 그 문제에 집중한다. 어느 정도 예정한 뒤 두 집안이 상견례를 하고서도 유사한 검색은 이어지고 약혼한 이후에도 양쪽에서 아니면 한쪽에서 계속하기도 한다. 마침내 면사포를 쓸 때까지 수많은 난관을 극복하고 두 사람은 부부가 된다.

이처럼 철저하게 준비하여 최선 선택이라 생각하고 결혼하는데도 점검할 때는 알 수 없는 여러 일이 살다 보면 일어난다. 가을철 부는 바람에 낙엽 쏟아져 내리듯 생활 전선에 떨어져 내린다. 일상의 질퍽한 길 위에 그 낙엽은 하루도 쉴 새 없이 떨어진다. 심지어 바람도 없이 잔잔한 어느 휴일 오후에도 예상하지 못한 잎새는 곤히 잠자는 얼굴에 사정없이 쏟아지기도 한다. 서로 사랑하여 평생 살기로 약속하고 출발한 봄날에 푸르게 솟아나던 연한 연리지로부터 상상할 수도 없었던 커다란 이파리들이 어쩌면 휴식도 없이 계속 휘날린다.

그때 봄날에 가을날 변신을 미리 알았다면 결혼하지 않았을까? 봄나무는 가을 낙엽을 아마도 알지 못했을 터, 혹 알았다 해도 봄의 온난한 기후에는 어김없이 꽃 피우고 푸른 하늘 향해 순을 돋우었으리라. 그게 자연 조화이고 우주 섭리가 아닐까. 누군들 이것을 거역할 수 있겠는가. 운명이고 본능이 바로 이런 것이 아닐까. 이 말에 이의를 달 사람이 있을까. 혹시라도 이것을 법정으로 가져간다면 달라질까. 그래도 판결은 '당신은 속아서 사기범과 결혼하셨습니다'라고 하리라. 아무리 유능한 유명 로펌의 대단한 변호인을 고용해서 항소한다 해도 이것을 뒤집기는 어려울 거다.

나도 물론 이 판결에 동의할 수밖에 없다. 아내와 새로운 둥지에서 얼마 지나지 않아 속은 줄 금세 알았기 때문에. 아내가 모든 요리를 할 줄 알았다. 한 달도 안 되어 바로 들통 났다. 동태찌개를 끓였는데 맛이 씁쓸했다. 나중에 알고 보니 빼내야 하는 내장을 제거하지 않고 그대로 끓였다. 빨래도 제대로 하는 줄 믿었다. 삶아 빨아야 할 것과 그렇지 않은 것을 구별하지도 않았다. 세탁기가 없던 시절이어서 더욱 곤란한 게 많았다. 양치질할 줄도 몰랐다. 식사 후에 해야 할 것을 자고 일어난 아침에 닦았다. 행동이 생각한 것이상으로 굼뜬 것 역시 몰랐다. 소소한 이 모든 것을 감쪽같이 모른 채 속아서 결정했다. 말하자면 속은 셈이다.

자잘한 것부터 여러 사항이 함께 살기 전과 다른 실체를 끝없이 보았다. 인간 품성에 대한 불만은 사전에 역시 잘 알지 못했다. 가전제품은 사용해보다 문제가 있으면 반품이나 애프터서비스를 신청하기도 한다. 심하면 교환이나 환불을 요구할 수도 있겠지만 속아 산 물건이듯 치부하며 그냥 사는 수밖에 없다. 선택한 책임은 오롯이 나한테 있다. 아니 그냥 속은 채로 사는 수밖에. 사람을 어찌 물건과 비교하느냐 뭐라 할 수도 있겠지만 말이다. 물론 이런 생각은 아내한테도 분명히 있을 터, 나한테 속았다고 생각하겠지. 속은 품목이 나보다 더 많을지도 모르겠다. 따지고 보면 나와 아내 둘 다 속이고 속은 사기 공범 아닌가.

살아가면서 속았다고 느끼거나 생각하는 것이 어찌 남녀 만남뿐일까. 하나둘 따져 보면 맑은 밤하늘 별처럼 셀 수 없이 많을 것이다. 곰곰이 헤아리면 세상살이 속고 사는 것이 너무 많다. 하나하나를 무심한 듯 체념하고 그런 것인 듯 잊고 사는 것이지 어찌 세세히 따지며 살겠는가. 전생은 알 수 없지만 현생은 너도 속고 나도 속이며 살고 있다. 금생은 이

사기 공범

렇다 하더라도 후생은 속아서 하는 결혼을 다시 할 것인가 말 것인가 이쯤에서 결정하고 싶다. 하지만 잠시 숨 돌리고 생각을 고쳐본다. 그것보다 현생에서 나부터 남을 덜 속이며 살도록 노력함이 더욱 마땅한 일이 아닐까. 식당 문을 나서니 햇살이 환히 웃는다.

우산을 주워보니

 아침 출근길 지하철은 붐빈다. 일용할 먹이를 향해 달려가는 사람들 때문이다. 아침마다 향기롭고 부드러운 풀을 찾아 초원을 찾는 얼룩말 떼 같다. 그곳으로 가는 길은 늘 바쁘고 번잡하다. 가볍게 산책하듯 가는 짧은 시간 걸리는 일터에 다니고 싶어 한다. 일터가 바로 집 앞 들판인 농경 생활은 꿈속에서나 바랄까. 그 바람은 도시인에겐 언제나 밤하늘 별과 같다.

 오늘은 비가 올지도 모른다는 일기예보를 얼핏 들은 듯했다. 비 오는 날이면 우산 들고 타기 아주 불편하다. 빈손으로 나섰다. 비가 안 올지도 모르는데 괜히 거추장스럽게 종일 마음 쓰기 귀찮았다. 내리는 지하철역에서 일터가 걸어 한 사오 분 거리라 악어만큼 짧은 다리지만 비 내리면 뛰겠다는 생각이었다. 내릴 때 보니 임자 없는 우산이 눈에 띄었다. 주인에게 버려진 우산이 곁눈질했다. 자신의 쓸모를 인정받고 싶겠지. 기꺼이 제의를 수락했다. 임자는 앞 역에서 내린 옆에 서 있던 그 젊은 남자였나?

일기예보는 적중했다. 역에서 내리자 비가 내렸다. 사대에서 쏜 화살이 과녁을 빗나가길 은근히 바랐건만. 상대국 선수를 향한 심중의 간절한 기대가 무너졌다. 가끔 내기해 보았지만 맞은 적이 별로 없다. 복권도 몇 번 사 보았지만 늘 행운과는 멀었다. 왜 이토록 빗나가는 선택만 할까? 수학 시간에 배운 확률은 시험 볼 때만 유용했고 실생활에 적용하지 못하는 이유는 무얼까? 내면 어디엔가 도박의 한탕 심리가 잠재해 있는 걸까? 그래도 오늘은 주운 행운의 우산 복권이 나에겐 있었다.

지하철에서 주운 우산이 아주 유용했다. 마침 내리는 비에 옷이 젖지 않고 출근했고 저녁 다른 모임에 갈 때도 역시 잘 썼다. 누군가 실수 덕에 비로부터 자유롭고 편안한 하루를 보냈다. 그의 실수가 나에게 아주 적지 않은 도움, 행운의 햇살이 되었다. 그러고 보면 한 사람 불운이 다른 이에겐 행운이 될 수 있다는 사실은 적지 않게 주위에 널렸다. 입학이나 입사 시험에서도 그렇다. 내가 그 자리에 선택 안 되었다면 누군가 그것을 대신 차지했을 것이다. 나에게는 뼈아픈 아픔이지만 그한테는 환호할 기쁨이고 행운의 기회인 것이 틀림없다.

나도 언젠가 버스에서 우산을 놓고 내린 뒤 아쉬워했다. 그날은 퇴근하는 길에 버스를 탔다. 집에서 나올 때 비가 와 우산을 써야 했다. 퇴근할 때 하늘은 개어 그냥 짐에 불과했다. 출근할 때 유용한 도구였지만 집으로 들고 가야 하는 짐으로 처지가 달라진 우산. 자연히 관심은 멀어졌고 버스에서 졸다 내릴 곳 근처에서 깨었는데 서두르다 앞의 뒷좌석 모퉁이에 기대어 두었던 우산을 놓고 내렸다. 버스가 떠난 뒤 하늘 올려보다 우산 놓고 내린 줄 알았다. 타고 온 버스는 부릉대는 배기가스 소음으로 씩씩하게 인사하며 바쁜 듯이 꽁무니 감추며 멀리 사라져 갔다.

그때도 누군가는 우산을 잘 활용했으리라. 나는 실수하여 아쉬움으로 버스를 바라보았듯 오늘 우산을 놓고 내린 그도 지하철 떠나는 순간에 알았으리라. 아니 역을 나서서 비 오는 거리를 바라보았을 때 놓고 내린 우산을 떠올렸으리라. 그가 두고 내린 우산은 내겐 쓸모가 컸다. 내가 버스에 놓아둔 우산도 누군가에게 쓸모가 있었겠지. 버스가 종점에 가기 전에 비가 내려 바로 그것이 도움이 되었는지도 모르지. 혹시 근처에 앉았던 이가 그 우산을 챙겨가 비 오는 날에 사용했을 수도 있을지, 아니면 그 버스 기사가 챙겨 사무실 한 구석에 두었다가 나중에 썼을까?

누군가에게 도움되는 실수를 하고 싶다. 지나온 인생에서 성공은 그야말로 얼마 되지 않았다. 잘된 일보다 그렇지 못한 일이 지나 보면 더 많지 않았던가. 돌이켜보면 남의 실수로 이득 본 것도 분명코 많았으리라. 한 사람 실수가 다른 이에게 이득이 되는 것, 실수 변전인가 도움 전환일까, 그렇게 생각하면 실수한다는 것에 그리 마음 상할 일이 아니다.

이제는 살아온 날보다 살아갈 날이 적을 테지만 실수의 변환에 기꺼이 동참하고 싶다. 웃고 지나칠 수 있는 사소한 실수일지라도 누군가에겐 행운이 될 수 있으니 얼마나 다행인가. 살짝 떨어지는 빗방울처럼 작은 소망을 오래도록 간직하길 우산 안에서 기대해 보는 퇴근길이었다.

죄와 벌

꽃의 아픔을 오늘에야 알았다. 아침에 발코니에서 꽃을 무심하게 보았다. 황홀한 청춘처럼 피었다 노년 머리칼처럼 변색하여 시들어 가는 꽃, 그 아픔이 무엇인지 비로소 알았다. 그건 짙푸른 바다색을 자랑하던 케일이 피워낸 꽃이다. 노란 꽃송이가 멀쑥하게 자란 꽃대 위에 생글거리며 달렸다. 송이송이 화들짝 웃음을 지으며 생동하는 봄기운을 배달했다.

이 케일은 지난여름 시집왔다. 어린 민며느리 들이듯 아이들 학습용 배추 애벌레 먹이용으로 아내가 불러왔다. 배추벌레는 케일을 야금야금 뜯어 먹고서 통통하게 잘 자랐다. 배추벌레가 케일을 먹은 자리는 진한 녹색 잎에 문신처럼 선명한 표시를 남겼다. 잎 색깔이 옅어지고 망사 천 스타킹처럼 송송 구멍이 뚫렸다. 그래도 맘씨 고약한 시어머니한테 시달리는 어린 새댁이 묵묵히 시집살이 삼 년을 견뎌 내듯, 케일은 자기 몸에 난 상처를 돌볼 새 없이 새로운 잎을 계속해 내밀었다. 세상 번뇌를 모두 용서하고 품어 안을 부처 낯빛을 한 채 언제 보아도 녹색 미소를 흘리고 있었다. 봄내 뜯어먹던 배추벌레는 나비가 되어 떠나갔다.

그러곤 케일은 내 차지가 되었다. 가끔 뜯어먹기 시작했다. 이제는 배추벌레가 진액만 빨아먹고 흔적을 남기는 정도가 아니라, 통째로 먹어 치웠다. 적당하게 자라서 먹을 정도가 되면 몇 개씩 떼어다 먹었다. 얼마 지나 보니 더 이상 자라지도 않고 먹지 못할 만큼 신선도마저 떨어지자 그냥 발코니 한구석에 내버려 두었다. 여름에 데려온 민며느리를 일만 부려 먹고 내팽개치다시피 한 꼴이었는데, 그네는 생명을 놓지는 않았다. 그게 조금은 애처롭고 한 줌 양심은 있는지라 그동안 식용한 보상이라도 하듯 찔끔찔끔 물을 주었다. 그게 용도 폐기한 민며느리 케일에 대한 세경과 품삯(?) 전부였고, 한겨울을 흘려보냈다.

어느덧 우리 집 발코니에도 봄은 다시 찾아왔다. 케일도 봄소식이 배달되었는지 대궁이만 멀쑥하게 자라고 이파리가 몇 개 붙은 채 꽃이 피기 시작했다. 겨울 지나며 숨을 놓은 줄만 알았고 별다른 관심을 보이지 않았는데도 용케 봄을 알아차리고 꽃까지 피워냈다. 그 생명력이 놀랍다기보다 약간 처연한 느낌까지 들었다. 그런데 오늘 아침 문득 봄을 반기는 여러 화초에 물을 주다 보았다. 왜 꽃을 피울까, 라는 생각이 문득 든 순간, 그만 꽃의 아픔과 갑작스러운 현기증에 아찔하듯 마주쳤다. 어떻게 발코니의 촘촘한 방충망을 뚫고 들어왔는지 날벌레가 꽃에 앉으려고 날고 있는 것을 본 순간, 번개처럼 머리를 스친 생각이 가슴에 아프게 꽂혔다.

아하! 그렇지. 아마 중학교 생물 시간에 배웠을 테지만 오랫동안 잊고 살았던 지식, 꽃의 수정은 벌과 나비가 충매라는 것을. 그렇다면 저 케일도 종족 번식을 위한 욕망으로 꽃을 피웠단 말인가? 겨울의 냉랭한 무관심에도 견뎌 왔고 엄동 추위보다 더 괴로웠을 외로움을 꿋꿋하게 버티고 이 봄에 꽃을 피웠구나. 모든 생명체의 본능 욕구, 그 신비하고 숭고한 자연 섭리, 바로 그것이었구나. 그렇건만 벌과 나비가 날아들 수 없는 아파트 발코니에 갇혀 노란 꽃이 하나둘씩 하얗게 변색하여 시들더니 미련인 듯 원망인 듯, 폴짝폴짝 바닥 여기저기에 떨어져 누웠구나. 아픔을 넘어 운명에 체념하고 '나는 이제 갑니다'라고 말할 듯 말듯 손을 살짝 흔드는지 마는지 민며느리 케일은 우리 집을 떠나가는데 그걸 이제 발견하였구나!

  인간에겐 죽어도 처녀와 총각 한이 남는다지 않던가. 그래서 저승에 가지 못하고 이승을 떠돌기에 죽은 남녀를 서로 짝지어 저승에서라도 인연 맺어 준다지 않던가. 그런데 어찌한 것인가. 꽃이 따르려는 본래 길을 막고 꽃의 정념을 내팽개쳐 두었으니 그한테 죄를 진 것인가. 그러면 앞으로 꽃을 어찌 대해야 하나. 다시는 꽃피는 화초를 발코니에 들이지 말아야 하는지, 봄 한 철에는 방충망을 열어 두어 벌과 나비를 불러야 할 것인지, 결국 이 아침 한 잎 두 잎 번뇌 싹을 가슴에 키운다. 이건 케일이 내게 내린 벌인지 자문해 본다.

상대성이론

세상에는 수많은 이론이 있다. 분야별로 인류가 이룩한 문명 핵심이 바로 이론이란 이름을 얻는다. 또한 여러 학자의 고독한 연구와 열정 결과가 이론으로 남는다. 이 이론은 후대 학자가 선배 이론을 수정하거나 바꾸기도 하고 잘못되어 사라지기도 한다. 물리학 대가인 아인슈타인 이론 중에 유명한 건 상대성이론이다. 상대 따라 우열 판도가 달라지는 것, 선호가 변하는 것이 나름 해석한 의미다.

이것은 물리학 정수지만 생활에서 발견하였다. 물론 그 이론에 결부시키는 것이 어떨지 모르지만 그렇게 부르고 싶다. 과학의 어려운 이론이 현실에서 만난다면 정말로 인간에게 유용한 실용 학문이 아닌가. 물리학 연구실에서 그들만의 논쟁 범주에서 벗어나 세상살이에 응용된다고 생각하면, 혹시 잘못 이해했다 치더라도 그들이 용납해 주지 않을까 기대하면서 적용한 이야기를 풀어본다.

어려서 자랄 때 말이 별로 없었다. 실상 말이 필요 없었는지도 모르지만, 누나 세 명과 살면서 사내인 내가 뭘 얼마나 말을 해야 했을까 싶다. 아마도 누나들이 답답했는지 나를 일러 목석이라 했다. 별로 말이 없으니 감정도 없는 나무와 돌로 비유했다. 그럴 만큼 말이 없었다. 당시 나는 말을 하지 않는 사람으로 서로 인식한 채 살았다. 이런 상태가 그대로 유지되며 살게 될 걸로 알고 지냈다.

그랬는데 요즈음은 집에서 말이 많아졌다. 어디까지나 상대적 상황이다. 보통 경우는 집 안에서 여자 말이 많다. 우리 집은 이와 다르다. 내가 말이 많아졌고 아내가 줄었다. 애초부터 그런 것은 아닌데, 직장을 퇴직한 뒤 아내 변화다. 집에서 직장 일을 곧잘 얘기하고 나는 그것을 들어주는 식이었는데, 크게 다를 것 없는 집안일이 나날 반복되니 할 말이 없는지 말수가 줄었다. 대신 내가 전보다 말이 늘었다. 말이 상대적으로 많아진 셈, 우리 집 말수 상대성이론 현장이다.

청소 경우도 그렇다. 뭐 그렇게 나부터 깨끗이 정리하는 체질은 아니나, 그래도 가끔은 주위를 정돈하며 살려 한다.

그런데 이런 정도도 안사람에게 비하면 아주 우월한 편이다. 아내는 주부 본질을 잊고 사는 게 정도로 알고 있다. 주부의 부婦란 한자는 비와 걸레를 든 여자 형상이다. 그만큼 여인은 청소가 본업인 셈이지만 아내에게만은 먼 우주 얘기일 뿐이다. 걸레를 들거나 빗자루를 든 모습을 본 기억이 애당초 없다. 그만큼 청소에 무관하다. 이렇다 보니 내가 청소를 하게 되고 상대적으로 우리 집에선 청소를 잘하는 셈이 되어버렸다. 이것이 만약 본업에 충실한 주부가 사는 집이라면 어림도 없는 일이다. 이것 역시 우리 집에서 상대성이론이 적용되는 실상이다. 세상살이에 모두 해당하는 게 바로 '상대적'이란 말이다. 우리는 경제부흥으로 세계 7대 무역 대국에 올랐고, 개인 소득도 2만 불이 넘었다. 그렇지만 이것은 여러 문제를 낳고 있다. 과거와 비교할 수 없을 정도로 고도성장하고 향상되었으나 그런 과정에서 소외된 사람도 상당히 많다. 이 부富의 편중으로 상대적 빈곤을 느끼고 문제 있는 사회로 진입하였다. 특히 물질 소유에 대한 상대적 박탈감이 크다. 주거 형태인 아파트는 면적에서 상대적 빈곤감을, 차량 소유도 크기와 가격에서 역시 상대 편차를 느끼며 불편해하고 불만스러워하며, 심지어 자신과 상대적인 사람에게 적대감을 지니며 그걸 때로 표출하기도 한다.

과학에서 제기한 상대성 이론이 이처럼 인간 삶에 밀착되니 과학이 직접 영향을 끼친다는 것을 실감한다. 그러면서 상대성이론에 대해 어떤 태도를 지녀야 하는가에 생각이 미친다. 절대자가 아닌 한 어느 분야 종목에서라도 상대적 우열이 있게 마련이다. 우월한 상태와 열등한 경우에 각각 어떻게 대처해야 할까. 이런 문제에 대한 답을 맹자의 《중용》에서 찾는다. 그래서 특별히 '적당히'라는 단어를 좋아한다. 양쪽 극단에 서지 않고 중간자 삶으로 만족하면서 이쪽도 저쪽도 아닌 중간 어디쯤 '적당히' 자리 잡아 살고 싶다.

그러나 이것을 다르게 보면 어느 한쪽을 선택하지 않고 중간에서 양쪽 눈치를 보는 회색분자로 치부할지 모른다. 형세를 보아서 더 강하고 좋은 쪽에 영합하려는 기회주의자로 몰 수도 있다. 어떤 면에서 그런 편 가르기가 옳은 지적이다. 오히려 어느 쪽에도 가담하지 않고, 양단 선택에서 잠시 비켜나 관망하거나 더욱 진전하여 초월 위치에 선 것으로 변명하겠다. 아니 갈등과 다툼에서 한 발 빼고 유유자적한 듯 살고 싶고, 그런 태도로써 세상을 바라보고자 하는 것뿐이다. 비유한다면 과거 한유한 조상의 귀거래사 삶을 동경하고 그를 따르고자 함이다. 이것이 나에게 적용된 상대성이론의 실체라 믿는다.

영역 지키기

우리 집 옆에는 소규모 연립주택이 있다. 그곳에 주차장으로 쓰이는 넓은 공터가 가운데에 자리한다. 주택 주민이 공유하는 공간이다. 다른 주택 사람도 간혹 이곳으로 드나든다. 담으로 막히지 않은 터라 누구라도 오간다. 늘 텅 비어 있다시피 하니 가끔 그런 식으로 활용한다.

그런데 집을 새로 짓게 되어 이 공터를 공사 차량 통행로로 사용하려 한 적이 있다. 집으로 드나드는 도로는 협소하니 마당을 이용해도 되는지 문의하였다. 집 짓는 동안 소음 등 불편을 끼치겠으니 양해해 달라고 간소한 물품을 이웃에게 돌리고 난 뒤였다. 몇이 모여 의논한 뒤에 허용할 수 없다고 알려왔다. 어쩔 수 없이 비좁은 도로로 통행하며 공사했다. 그런 연유로 예상보다 공사 기간이 더 걸렸고 비용도 추가되었다. 애초 마당을 사용하는 데도 얼마간 사용료를

내는 조건으로 협상하였으나 거부당하였다. 비슷한 정도 비용을 더 들이고 공사를 끝냈다.

  문제는 그다음 일어났다. 이제는 아예 마당으로 드나드는 출입구 한쪽을 폐쇄하였다. 연립에서 마당으로 가는 통로, 집 앞으로 난 길에 펜스를 쳐서 통행을 막았다. 연립에 사는 사람도 통행로로 사용하는데 자기들 길까지 막은 셈이다. 연립주택 마당에 공사 차량이 드나드는 것을 거절한 것보다 마당 한쪽 출입을 막은 것이 더욱 난감했다. 자기들 땅이니 경계선을 두고, 불편할지언정 그들만 독점적으로 사용하고 소유 경계를 분명히 표시하겠다는 것으로 해석하였다.

  한동안 이해하기 어려웠다, 그들 행태에 관해. 같이 나누어 쓴다면 더 좋을 텐데 왜 그럴까 원망하고 비난하다가 이제는 생각을 바꾸기로 했다. 티브이 프로 '동물의 세계'를 즐겨 보던 나에게 떠오른 생각이 바로 영역 문제로 이해하게 했다. 생물 종을 막론하고 모두에게 그토록 강렬했던 영역 지키는 문제, 생사를 다투는 처절한 싸움도 불사했던 그 수많은 동물의 생존 방식을 생각하면 그들 입장을 어느 정도 이해할 수 있었다. 객관으로 바라보면 사소한 것인데도 맹렬하게 다투는 것을 살면서 종종 볼 수 있다. 어린아이가 장

난감을 두고 벌이는 다툼도 그중 하나다. 어른 눈으로 볼 때는 정말 미미한 것에 불과하나 그들 집착과 소유 강도는 징기즈칸 대륙 정벌이나 알렉산더 동방 원정에 못지않은 욕망이고 강렬한 그 무엇이다. 때론 상대 비교가 불가능하게 절대적이다. 크기나 기준을 동일 잣대로는 결단코 측정할 수 없을 정도다.

그 내면 심리는 무얼까. 자기 고유성에 대한 도전으로 여기는 것은 아닐까. 작은 것이지만 그 소유자에게는 극단 저항이 일종의 생존 조건은 아닐까. 상대적 세상 잣대와 무관한 그만의 것, 그러하기에 간혹 폐휴지에 대한 노인들의 이해하기 어려운 다툼 실상에 놀라워하지만, 어쩌면 그들에게는 당연하리라. 흔히 일컬어지는 조폭 군상의 나와바리(여기서는 이 말이 적절하다) 다툼과 같은 것은 아닐지.

각자 사는 곳과 삶의 형태를 고수하는 것은 중요하다. 존재 의미가 그곳에 있는 셈이다. 영업권을 둘러싸고 벌이는 기업 승부, 대학 동료 교수 사이 갈등도 알고 보면 영역 문제로 귀결한다. 지성의 전당이고 교양을 갖춘 듯 알려진 학자끼리 간혹 다투는 양상을 바라보면, 동물 영역 다툼과 한 치 오차도 없어 보인다. 이렇게 생각을 확대하다 보면 결국 인간도 '동물 세계' 속 야생동물과 하나도 다를 바 없는 '인간 세계'에 산다 해도 과언이 아니다.

이상한 사람

집을 헐고 새로 집을 건축하면서 겪게 된 일이 여럿이다. 이웃한 연립주택 부녀회장한테 '이상한 사람'이란 소리를 들은 것도 그중 하나다. 집을 짓다 보니 옆집과 여러 다툼이 있었다. 그 과정에 '이상한 사람'이라는 말을 들었다. 한두 번도 아니고 여러 차례 듣다 보니 기분이 무척 나빴다. 무슨 근거로 나한테 그런 별칭을 붙이는가, 그 여자 사고방식이나 가치 기준이 나와는 무척 다른 이상한 사람이라고 생각하며 꽤 불쾌했다. 바깥 여자에게 듣고 얼마 안 가 아내한테도 '이상한 사람'이란 말을 들었다. 안팎에서 듣다 보니, 그러면 정말로 내가 '이상한 사람'인가, 잠시 혼란스러웠다.

경우는 서로 달라도 그들이 생각하는 것과 다르게 생각하고 말하는 나에 대한 반응이라 생각했다. 들을 때는 퍽 불편하고 화까지 나는 정도였다. 더구나 오랫동안 함께 살아온 식구한테 그 말을 듣자니 그동안 인생이 무척 삐뚤게 살아온 것이 아닌가 하는 자괴감까지 들게 했다. 그녀들에게 그 말을 들을 당시에 왜 나 보고 이상하다 하느냐고 대들거나 부인해 보았다. '내가 이상한 게 아니라, 당신이 이상한 거 아니냐고, 참 별 이상한 사람 다 보았네.'라고. 그렇게 받아치고 분을 가라앉히려 애썼다.

  불쾌하게 생각하는 중에도 정말로 내가 이상한 사람은 아닌가, 곰곰 따져보니 그 말이 맞는다는 생각이 들었다. 나 자신은 바르고 정상인 것으로 생각하고 살아왔지만 다른 사람이 보기에 이상한 사람인 것은 틀림없다. '그래, 나는 이상한 사람이다. 다만 그것을 나만 모르고 여태 살아왔다.' 어쩌면 알면서도 인정하지 않고 애써 외면하면서 살아왔는지 모를 일이다. 돌이켜 생각해 보아도 이상한 점이 분명 나에게 있다. '이상하다'라는 것은 정상이 아니라거나 일반적 상태와 다르다는 것인데 들춰보면 내 사고와 행동이 조금 특이한 데가 있지만 그동안 나만 몰랐나 보다.

  이렇게 하나씩 따지며 그 속을 찬찬히 들여다보니 나는 분명 이상한 사람이었다. 나이가 아직 많은 편에 속하지도 않는데 수염을 기르고 다니지 않나? 사회 지위도 있는데 입고 다니는 옷은 후줄근하게 운동화나 끌고 다니지 않나? 눈살을 찌푸릴 일이 있으면 그냥 참고 넘어가지 못하고 꼭 나서서 시비를 만들지 않나? 비누는 쓰지 않고 맹물만으로 몸을 씻지 않나? 이것저것 돌아보니 이상한 게 한둘 아니다. 이것을 에둘러 좋게 말한다면 독특한 사람이라거나 매우 긍정으로 보아 개성 강한 사람이라고 바꾸어 말할 수 있지 않을까? 아니면 그것을 나만의 특성이라거나 유별난 자질인 양 자찬하며 대수롭지 않게 여기며 살아온 셈은 아닌가.

내가 납득하지 못하는 어떤 부분을 타인에게서 보게 된다면 그는 이상한 사람이다. 우리가 타인을 모두 이해할 수는 없다. 어쩌면 어느 부분은 당연히 이상하게 보일 것이다. 이상하게 보이는 일면이 있는 타인은 나에겐 이상한 사람이다. 이는 상대적이지만 나는 너에게 이상한 사람이고, 너는 나에게 이상한 사람이다. 그리 보자면 세상 사람은 누구나 타인에게 이상한 사람이다. 결국 세상살이는 이처럼 서로 이상한 사람끼리 모여 사는 게 아닐까? 그러다 보니 세상에는 여러 복잡한 갈등이 생기고 문제가 일어나며 서로 얼키설키해지는가 보다. 그런데 오차 없이 기계처럼 세상이 돌아간다면 어떨까? 모든 사람이 정상이어서 원칙과 규칙대로 바르게 살아가긴 하겠지. 여기엔 사람끼리 갈등이 없고 아무런 문제도 안 생기는 세상. 마치 사고율 0%에 근접하는 공장의 생산 라인처럼 안온하고 무척 평화스럽기만 할 것이다. 어쩌면 인류가 간절히 바라고 구원久願하는 이상 세계가 이런 것은 아닐지.

  그런데 그러한 세상이 과연 가능하기는 한 것일까? 여러 종교에서 말하는 천국과 극락이 이런 세상일까? 혹 사후일지라도 가능하다면 그 사람살이는 어떨까? 현실에서는 불가해도 공상空想으로는 가능할 듯도 하다. 그런데 아마도 그건 무미건조한 삶일 것이다. 아옹다옹 살아가면서 맛보는 잔잔한 재미도 없고 가끔이라도 가슴을 끓게 하는 환희도 없는, 그저 맹물 같은 삶은 아닐까? 이런 삶이 시시해서 못 살겠다고 자살자가 속출할 수도 있으리라. 그래도 나는 정상적 사람만 사는 사회에서는 살고 싶지 않다. 그런 세상에 살기보다 이상한 사람이 우글대는 곳이 더욱 드라마틱하고 살 만한 스토리가 넘쳐 생동하는 사회가 아닐까? 정상으로 보이는 사람도 살지만 아주 많은 이상한 사람이 섞여 사는 사회, 감당키 어려운 아픔과 극복할 수 없는 난관이 존재하는 사회에서라도 그럭저럭 살고 싶다면 진짜 이상한 사람인가.

인생 공방전

축구 월드컵 경기에서 어느 국가 간 경기를 보더라도 양 팀 선수는 필사적으로 공을 향해 달리고 달린다. 그 눈빛은 살기가 뻗치는 듯 매섭게 날카롭고 불끈대는 근육은 로마 시대 검투사 못지않다. 두 나라는 축구공 하나를 두고 사각의 잔디밭에서 격렬한 공방전을 벌인다. 정해진 시간이 없다면 영원히 그 공방은 끝날 것 같지 않지만 32개 팀이 치열한 다툼을 벌이고 최후의 4팀만 남아 최종 승자가 가려진다.

월드컵 축구에서 또 다른 형태 전쟁을 본다. 인간 투쟁 본능이 스포츠란 이름으로 미화되었을 뿐 본질과 기능은 아주 흡사하다. 다른 스포츠도 유사하지만 축구는 그런 면이 더욱 강해 보인다. 골문 향해 돌진하는 공격진과 이를 막아내려는 수비진 대치와 공방전은 성城을 차지하기 위한 들판 전투와 조금도 다르지 않아 보인다. 심판이 있고 정해진 공간과 시간, 응원하는 관중이 따로 있다는 것만 다르다.

투쟁 본능은 생존을 위한 자연스러운 몸짓이다. 동물이 더욱 극렬해 보일 뿐 식물도 나름 싸움을 벌인다고 한다. 모든 생명체는 살아남기 위해 살아가기 위해 싸우지 않을 수 없다. 생명체 숙명이고 본능이다. 이 싸움에는 승자와 패자가 있게 마련이다. 승자는 계속 살아갈 것이고 패자는 사라지거나 살아남더라도 큰 타격을 입고 계속 생존 위험에 빠진다. 이런 현상을 찰스 다윈은 일찍이 진화론에서 적자생존으로 명명한 바 있다. 적자생존이 인간에게 일반화하면서 생존경쟁이란 멋진 이름을 얻었다. 이 투쟁 본능이 스포츠로 변형되었거나 생존경쟁이란 미명을 얻었다 해도 여전히 인생은 달라진 게 없다. 생존 씨름판에서 멀리 벗어나 노래만 부르며 사는 베짱이가 될 수 없는 한限 개미 고달픔은 여전하다. 더욱이 집 안팎에서도 이 공방은 월드컵만큼 흥미는 없지만 언제나 진행 중이다.

결혼하기 전에 아내와 함께 인사차 은사 댁을 방문했다. 아내 성이 공씨孔氏라고 하자 성씨와 관련지어 이제부터 공방전을 벌이게 되었군, 하셨다. 〈공방전孔方傳〉은 고려 인종 때 문인, 임춘林椿의 가전체 소설명이다. 당시 화폐인 엽전을 의인화한 한문체 소설로 돈의 타락상을 다루었다. 이것을 음만 빌려 공방전攻防戰, 孔方戰으로 패러디하여 함께 웃게 하였다. 그때는 그냥 웃었지만 의미를 깊이 생각해보지는 않았다.

 살아보니 결혼 생활은 말 그대로 둘의 공방전이었다. 간혹 관중이 있기는 하지만 온전히 양자 공방은 그대로 삶의 한 형태였다. 싸움에는 당연히 승자가 있고 패자가 있기 마련이다. 승패가 갈리기도 하고 역전되기도 하는 지루한 공방전을 벌이며 살아온 지도 어느새 30여 년이 흘렀다. 혹간 반칙을 저지르기도 하고 길거나 짧게 끝나기도 했고 심판 없는 싸움이라 판을 엎을 뻔도 했지만, 파국으로 끝나지 않고 오늘까지 이어져 온 아내와 공방전. 이 싸움은 시간제한이나 공간 구획도 없이 치렀다. 아마도 생이 끝날 때까지 이어질지 알 수 없다. 어찌 보면 인생 자체가 공방전의 연속이 아닌가. 끝없이 이어지는 이 싸움을 어느 국문학자는 '자아와 세계의 대결'로 정리하기도 했다. 한 생명체인 나와 둘러싼 세상 모든 것을 향한 싸움, 세상 중심인 나와 그 밖 세계와 연속 투쟁, 참나를 찾기 위한 참선자의 득도 고행 역시 이런 싸움 아니겠는가.

월드컵 축구 공방전은 정한 시간 내에 승부가 안 나면 연장전을 벌이고 그래도 안 되면 승부차기로 반드시 승패를 가린다. 이에 비해 인생 공방전은 어떤가. 반드시 승패를 가려야 하는 것은 아니다. 무승부로 끝날 수도 있고 그것이 더 값있고 아름답기도 하다. 아내와 공방전, 멋진 무승부로 만들고 싶다. 둘 다 승자가 되는 무승부, 둘이 손잡고 관중에게 함께 박수받는 무승부. 이를 꿈꾸며 오늘 공방전을 시작하러 아침잠에 빠진 그녀를 깨우려 방문을 연다.

편견에 대해

 배변에 관해서라 향기롭지 못하지만 인간 누구라도 자연스러운 생리라 숨기고 살 수만은 없다. 뭐 그리 유쾌한 일은 아니나 해야 할 말이 있으니 시작해보자. 별 예외 없이 아침에 일어나면 자동으로 화장실에 가 자연스레 배변 활동을 한다. 여기서 지적할 중요 사항은 식전에 볼일을 해결한다는 점이다. 뱃속에 남은 찌꺼기를 청소하고 새로운 음식물을 받아들이는 일이 위생적이라 생각하고 살아온 지 오래되었다.

 사회생활 하다 보면 이러저러한 일로 가족 아닌 사람과 동숙하고 또는 조찬도 함께한다. 그러다 보면 식후 바로 화장실로 가는 것을 알게 된다. 그런 사람을 보면 왠지 그가 불결해 보이고 무언가 신뢰할 수 없는 결격 사유가 있는 것처럼 가까이하기 꺼려진다. 식전에 배를 비우고 식사해야지,

어찌 식후에 그러는가. 개인 생리 특성으로 이해하기보다 문제가 있는 것으로 보는 생각에서 오랫동안 벗어나지 못했다.

이러한 생각이 고착될 즈음 조금 더 주위를 관찰하고 의외로 이런 사람이 적잖은 사실에 놀랐다. 또는 나처럼 일정한 시간에 배변하지 않고 불규칙한 사람도 꽤 많다는 사실도 알게 되었다. 그러하다면 내 배변 습관이 위생적이고 자연스럽고 그렇지 못한 사람에게 문제 있다고 생각하는 내가 진짜 문제가 아닌가 하는 생각이 들기 시작했다. 내 기준으로 다른 사람 생리를 문제시하는 것은 다름 아닌 편견이라는 결론에 도달할 뿐이다. 이 편견은 여기서 그치는 것이 아니다.

나는 식사하면서 국을 잘 먹지도 않고 특히 밥을 말아 먹는 일은 있을 수 없다. 이것은 얼마 전부터 이어져 오는 식습관이다. 혹여 같이 식사하는 사람 중에 국에 밥을 말아서 먹는 사람을 보면 왠지 비문화적이고 세련되지 못한 상스러운 행위로 보인다. 따져 보면 우리는 국물 음식이 많고 그중에서도 곰탕과 설렁탕이라는 음식과 아예 국밥이라고 국에 밥을 만 것도 많은 사람이 좋아하는 전래 음식의 하나인데 그것을 먹는 사람이 곱게 보이지 않는다. 이것 역시 내 기준에 따른 편견일 따름이다.

개인적 편견이지만 이것을 확장하면 내가 얼마나 많은 편견 속에 살고 있는지 헤아릴 길이 없을 지경이다. 과장하면 나란 인간 자체가 바로 편견 덩어리가 아닐까 하는 생각이 들 정도다. 일거수일투족을 세밀하게 분석하고 점검해 보면 편견으로 하루를 시작해서 편견으로 하루를 마감하는, 아니 일생을 편견으로 살아가는 것이 아닐까 싶다. 이 편견 굴레에 과연 나만 빠져 허우적대고 사는 것일까. 다른 사람은 모두 객관적이고 정당한 사유와 행동만으로 살아가고 있을까. 아마도 정도 차이는 있지만 그들도 어느 정도 편견의 삶을 살고 있는지 모른다.

사소한 편견 행위를 특정 단체나 민족이나 국가 단위로 넓힐 때는 셀 수 없는 편견 때문에 인식 오차가 횡행할 것이고, 그로써 오해와 갈등은 또 얼마나 많고 깊을 것인가. 하루도 빠짐없이 일어나는 여러 국제 사건과 개인 갈등 문제는 이 편견에서 시작하고 증폭되어 혼란스럽고 소란스러운 것은 아닐까. 어쩌면 인류는 상호 편견 폭을 좁히기 위해 끊임없이 대화하고 소통해야 하는 것은 아닐까. 종교, 이념, 문화, 열거한다면 셀 수 없을 만큼 많은 편견이 주위에 넘쳐

난다.

 문제는 편견에 대한 태도일 것이다. 나는 얼마 동안 식사와 배변에 대한 편견 속에서 허우적대며 살아왔다. 과연 이것은 나만의 문제일까. 내가 편견의 눈으로 그들을 보았듯 그들 역시 나를 어떤 편견에서 보았으리라. 이것을 안 이상 이제 달라져야 하지 않겠는가? 오랫동안 편견 늪에서 허우적거렸는데 쉽게 탈출할 수 있을까? 이 편견 속에서 그대로 살아야 하는 것은 아닌지 곰곰이 생각해 본다.

 문제를 안 이상 어찌 해결책이 없겠는가. 이제는 나와 다른 식사 습관 친구를 편하게 바라보자. 그의 미각을 존중하고 조금 더 호의적으로 식사를 즐겨야겠다. 식후 화장실에 가는 친구에게도 마음 열고 편안한 시선으로 지켜보며 이해 마음을 품자. 한 걸음씩 편견 늪에서 벗어나기 위한 노력이 좀 더 풍성하고 튼실한 열매를 맺도록 인식 전환 고삐를 더욱 죄어 보자고 다짐한다. 늘 밥 말아 먹는 친구가 앞에서 숟갈 그득 밥을 뜬다. 이제는 바라보기 편안하다.

6장 청춘을 돌려다오

여인 향기
남자의 바람기
애연가를 위하여
청춘을 돌려다오
새벽이 좋다
이발소
으악새 슬피우니
퇴짜 맞다

여인 향기

 집에서 키우는 개한테 몇 번 물렸다. 야성이 강한 진돗개인데 녀석이 예고한 신호를 알아채지 못하고 덤벼들다 일어났다. 우리 개는 마당에 놓아 길렀다. 밤엔 집에 들어가 자라고 목줄로 묶어 놓는다. 그렇지 않으면 밤새 집 주변에서 들리는 미세한 소음에 반응하며 이리저리 뛰어다니며 짖어댄다. 저는 임무 수행하느라 그런다지만 서로 피곤하여 조정하는 뜻으로 저녁밥을 주면서 목줄을 채워 왔다. 이런 방식에 별달리 거부하지 않고 잘 순응했다. 이 녀석이 밤에는 당연히 목줄에 길 들은 것으로 알았다. 어느 날인가, 목줄을 매려고 불렀는데 제집으로 쏙 들어가더니 낮게 으르렁거렸다. 그래도 달리 의식하지 않고 집 안으로 손 내밀어 목줄을 묶으려다 피할 새 없이 손을 물려버렸다. 너무 놀라고 녀석한테 배신당한 느낌에 몽둥이로 혼냈더니 계속 으르렁대며

심하게 반항했다. 응급조치하고 병원에 가려는데 어느새 현관 앞에 와 쪼그렸다. 조금 전 제 행동에 대해 반성하는 것인지 모르지만 목줄을 가져와 묶었다.

그렇게 한 번으로 끝날 줄 알았는데 또 물리게 되었다. 기르던 개한테 물려 병원에 가 상처 꿰매고 다 아물고 난 한참 뒤 다시 물렸다. 그동안에도 여전히 밤에는 목줄 채워 다시 예전 생활로 돌아간 것으로 알았지만 그렇지 않았다. 이번엔 그런 습성을 알아서 사료를 주고 먹을 사이에 묶으려 했는데 순식간에 또 물렸다. 여러 바늘을 꿰매야 할 정도는 아니나 역시 병원에 가 치료하고 상처가 아무느라 여러 날 걸렸다. 상처가 어느 정도 아물어 가는데 세 번째 물렸다. 두 번이나 물렸으니 상당히 조심하면서 밥을 주고 머리를 쓰다듬으면서 슬쩍 묶으려는 찰라 고개를 홱 돌려 바로 손등을 공격했다. 두 번째와 달리 비교적 경미했다. 병원에 가지 않고 집에서 지혈하고 약을 발랐다. 이러니 다시 묶을 엄두를 못 내고 그냥 여러 날이 지났다. 보통은 내가 밥 주는데 그날은 아내와 외출하여 밤에 늦게 들어왔다. 이런 날은 딸이 개밥을 챙겨 주었다. 들어오다 보니 목줄이 채워져 있었다. 딸이 아무런 저항을 받지 않고 탈 없이 채웠단다. 그동안 여러 날 하지 못한 것을 딸은 한순간에 해결했단다. 참으로 놀라운 일이었다.

 딸의 말을 듣고 적잖이 놀랐다. 딸은 진산(개 이름)이와 자주 친교 시간을 갖지 못했다. 내가 먹이 줄 형편이 안 되었을 때만 밥을 주었고 강아지 시절 한두 번 산책 시키거나 문밖을 들락이며 진산이와 가벼운 손짓 인사만 나눈 것이 둘 사이 교류의 전부였다. 그에 비하면 나는 매일 아침과 저녁에 밥 주고 이틀에 한 번꼴로 산책하며 함께 시간 보냈고 간혹 마당에 나올라치면 녀석이 내게 와 친근감을 표시했고 털 골라주었고 몸에 달라붙어 피 빠는 빈대도 수없이 잡아주었으며 병원에 데려가 예방주사를 맞히며 그에게 써온 시간과 동행 총량은 감히 딸이 나와 비교할 정도가 되지 않는다. 그 일을 알고 나서부터 내심 녀석이 말할 수 없이 밉고 야속하였다. 아무리 말 못하는 미물이지만 그동안 제가 나한테 표현한 친근 양을 추산해도 그놈이 밉고 심지어 배신감마저 느꼈다. 미물한테 정 주고 나름 복지에 시간과 힘을 쏟았는데 결과는 허탈감을 줄 뿐이었다.

 이 사태를 곰곰이 생각해보았다. 이치로 풀지 않고는 계속 놈을 키울 마음이 달아나기에. 미물 마음과 행동을 이해하는 게 빠를뿐더러 그놈에게 나를 이해시킬 수도 없고 녀석 행동을 교정하는 것도 동물 전문 조련사가 아닌 나로서는 한계가 있다. 이 녀석은 생후 2개월부터 우리한테 왔다. 들은 풍월로 간단히 훈련 시켰다. '앉아'와 손을 까불며 '이리 와' '어허 안 돼' 정도인데 이 지시를 들을 때가 많은 편이지만 반드시 바로 응하는 것은 아니다. 초기에는 집에 오는 신문이나 우편물, 신발 등을 물어뜯거나 물어다 놓는 등 행동을 강하게 질책하고 체벌로 그런 버릇을 거의 고쳤다. 그런데 예상치 못한 공격으로 손을 물었을 때 역시 강하게 나무라며 체벌(잘못된 방법인 걸 나중에 알았다)했고, 집 안으로 들어가서 녀석도 그런 방식에 맹렬히 저항했다. 무섭게 으르렁대며 체벌용 막대를 물어가며 반항했다. 하지만 잘못을 말로 할 수 없으니 체벌로 혼내면서 시간이 지나기 전에 즉각 훈육했다. 그런데 여러 번 물어대니 녀석 생태를 더 파악하고 그 처지를 이해하는 것이 우선이고 다음에 적합한 방책을 마련해야겠다고 숙고 중이었다.

녀석이 딸한테 얌전히 제 목을 내놓아 목줄을 채우도록 허용했다. 왜 그랬을까 헤아려 보다 아하 그런 것이 아닐까 하고 유추하였다. 그것은 녀석이 수컷이란 점이다. 딸의 향기에 그만 맥없이 무너진 것은 아닐까? '여인의 향기'란 영화도 때마침 생각난다. 퇴역한 군인이 생의 의미를 잃고 살다가 무도회에서 어느 여인과 함께 춤추며 그 향기를 맡아내고 생을 마감한다는 스토리든가? 여인이 가진 향기의 힘은 남성에게만 작용하는 것일까? 야성의 진돗개를 굴복시키고 생의 의미조차 못 찾는 남자를 다독이는 그 힘은 여인이 품고 있는 고유한 힘, 바로 향기일 터.

물리적 힘이 필요하여 그 가치를 높이던 시절에 남성은 야생 사냥터에서 중요했다. 근력이 절대적이었던 농경 사회와 육중한 기계가 중심인 공업 사회에서도 역시 남성 힘은 쓸모가 많았다. 그러나 이제는 더 이상 이런 힘이 절대 위치에서 상대 가치로 변화하였다. 세계 각국 지도자도 여성이 점차 늘어났고 기업 대표도 여성이 약진하고 있다. 말할 것 없이 가정에서도 여성 역할과 위치는 상당히 높아졌다. 지식 정보 산업이 주도하는 오늘날 사회는 여성의 부드러운 향기처럼 은은한 손길이 큰 힘을 발휘하여 일을 성사시킨다. 미물 짐승에게도 통하는 이 여인의 힘은 바로 그네들이 선천적으로 가진 향기다. 이를 집에서 개로부터 실감하는 사건이었다. 이 힘을 어떻게 활용하는가는 가정과 사회, 국가와 인류 번영과 평화에까지 넓게 미친다는 것을 생각해 본 계기가 되었다. 우리 집 개 진산 때문에.

남자의 바람기

 바람은 불어야 바람인 줄 안다. 불기 전엔 어떤 징후도 눈으론 발견하기 어렵다. 머릿결을 간질이거나 나뭇잎이 흔들릴 때 비로소 바람을 만난다. 움직이지 않는 것은 바람이 아니다. 바람은 움직임으로 자기 존재를 증명한다. 그 어딘가에 숨어 있을 땐 바람이 아니다.
 바람은 보이지 않지만 행태는 보인다. 잡히지 않고 보이지 않는다고 존재를 부인할 수는 없다. 세상에는 감각으로 인식할 수 없는 무형 상태로 세상에 나와 있는 것도 언제나 있기 마련이다. 봄날 나른한 온기도 그렇고, 여름철 찌뿌둥한 열기 또한 그렇다. 가을에 만나는 청량한 대기나 한겨울 쭈뼛한 한기도 예외는 아닐 터.
 마음에서 부는 바람은 더욱 보이지 않는다. 깊은 곳 숨어 지내는 마음 뿌리에서 일어나는 바람은 낌새마저 알아차릴 수 없다. 내 마음이라고 모두 알 수 있는 것도 아니다. 마음 스스로 일어나는 바람을 어찌 다 알 수 있겠는가.

남자의 바람 진앙은 여자와 다르게 비롯한다. 남자는 바람 샘이 무척 깊고도 넓다. 여자보다 두텁고 넓은 가슴은 아마도 바람 샘이 달라서 그런지 모른다. 남자 가슴에서 부는 바람은 언제나 잠재한 바람이다. 작은 자극에도 이내 소용돌이를 일으킨다.

남자에게 바람이 없다면 남자가 아니다. 남자는 모두 바람을 타고 태어난다. 바람이 없다면 남자이기를 거부하거나 남자로 살고 싶지 않은 사람뿐이다. 남자에게 바람은 존립 근거이자 원형질이기 때문이라 불러도 좋으리라.

남자의 바람은 불지 않고 피우는 바람이다. 가슴에 차올라 일어나므로 겉으로 바람은 불지 않는다. 내연(內燃)하는 바람이다. 자신은 보지 못한다. 남에게만 보이는 바람결이라 피우는 바람이 된다. 담배를 태우고 산을 태우는 바람도 시작은 작은 불씨에서 피어오르기 마련.

남자는 바람으로 초원을 달리고 세상을 향한다. 바람이 크게 타오르면 자연 바람에 맞서 불기도 한다. 알렉산더나 칭기즈칸의 바람은 초원을 뚫고 사막을 건너 광야를 향해 불었다. 그 바람은 생각을 흔들고 문물을 바꾸고 인류를 섞어 스스로 역사를 만들었다.

바람은 잘못 불기 시작하면 정처를 잃고 회오리바람이 되기도 한다. 바람이 방향을 잃으면 인간에게 상처를 주고 질서를 파괴하며 세상을 무너뜨린다. 바르게 불게 하려면 바람을 막아서기보다 길을 터주어야 한다. 바람은 길 따라 지나가면 되돌아오지 않기 때문에.

남자의 바람은 세상을 만들고 바꾸어가는 원초 에너지다. 남자의 바람기를 탓하기보다 잘 다스릴 방도를 궁구하는 게 현명하다. 못된 바람이라도 불 때는 살아있는 것이라서 인류 행복을 위해 언젠가 쓸 기회를 마련할 수 있지 않겠는가.

멈춰선 바람이기보다 성난 바람이라도 불어야 한다. 바람 폐해가 무섭다고 정지하게 해선 우주 만물이 자랄 수 없고, 세상도 제대로 돌기 힘들다. 미친바람이라도 없는 바람보다 낫다. 죽어서 극락에 가는 것보다 꿈틀대더라도 살아있는 게 더 좋지 않은가.

애연가를 위하여

 얼마 전 담배 가격이 올라 애연가에겐 불만이 적지 않아 보인다. 이를 추진한 편에서는 조세 수입도 늘고 흡연자는 감소하는 이중 효과가 있다고 하였는데 설득력이 없어 보인다. 예상대로 될지는 더 두고 봐야 하나 별로 달라지지 않을 게 분명하다. 흡연자가 사라지거나 흡연 방식이 크게 변할 것 같지 않다. 그동안 흡연자를 겪어 본 바, 따라온 생각이다.
 흡연을 넘어서 애연, 이보다 심한 표현으론 골초라는 말이 있다. 선친이 그러하셨다. 식사는 걸러도 담배는 그럴 수 없다는 식으로 사셨다. 그 결과 50대에 암으로 세상을 등지셨다. 비교적 어린 나이에 겪은 이 흡연의 간접 체험 결과는 담배와 인연을 끊게 했다. 대학생 때 몇 번 연기를 빨아보았으나 흡연자가 되는 데에 이르지 못했다. 또 하나의 흡연 습득 코스인 군대도 못 가고 말았으니 지금껏 비흡연자로 살고 있다.

그러나 지난 시대는 흡연이 무척 자유로웠다. 실내외를 가릴 것 없이 마구 피워댔다. 요즘엔 상상 불허의 흡연 환경이었다. 각 가정에서는 물론이고 버스 안, 지하철 안, 음식점 안, 그야말로 피우고 싶은 곳이면 아무 데나 꺼릴 것 없이 피워대던 흡연자 천국이던 그 시절, 특수 업종 여자와 소수 할머니나 피우는 대신 남자 흡연은 당연시되던 시대, 남자 아이콘이었으니 성급한 소년은 일찍이 어른 흉내를 내고 싶어 담배부터 입안으로 은밀히 불러들이기 다반사였다.

수많은 흡연자를 일찍부터 자연스럽게 접하였으니 흡연 태도를 쉽게 보게 되었다. 그동안 만난 흡연자치고, 특히 실외에서 흡연하는 사람 중에 소위 공중도덕을 지키는 사람은 모래밭에서 바늘 찾기보다 어려웠다. 흡연이 끝나는 동시에 꽁초는 입과 손에서 분리되어 날아간다. 흡연자 몸에서 거리는 다소 차이가 있으나 종착지는 제집을 못 찾고 거리를 헤매는 고아나 부랑아 신세다. 애연가란 이름이 말하듯 담배를 사랑하면서 교접 행위가 끝나면 그들은 방금 전까지 그토록 진하게 밀착시켜 입술로 애무하던 상대를 냉혹하게 패대기친다. 어떤 이는 사랑 행위를 숨기려고 눈에 잘 띄지 않는 어둡고 좁은 동굴이나 비밀 공간에 영원히 유폐시켜버린다. 카사노바 엽색 행각보다 훨씬 무례한 애정 작태가 아닐 수 없다.

  이런 애연 습성은 연령, 학식, 지위, 신분과 대개는 무관하다. 애연가에게 흡연 후 뒤처리를 깔끔하게 하라는 요구는 차라리 담배를 끊으라는 것보다 더욱 지키기 어려운 요구로 보인다. 세 살 버릇 여든까지 간다는 속담이 있다. 담배를 처음 접할 때 습관이 평생 동반하는 것이다. 담배는 술과 달리 어른한테 조금씩 점차 배우는 게 아니다. 몰래 숨어 어른 눈에 띌까 조마조마하면서 입에 댄다. 시작이 그러니 그 흔적을 철저히 은폐시켜야 다음까지 이어질 수 있다. 이 절박함은 그대로 거의 유전적 습성으로 형질화된 채 전신에 정착한다. 이 고착된 행태는 그들이 드러내놓고 흡연할 수 있게 되어도 천형처럼 몸에 달라붙어 떨쳐버릴 수 없다.

  스스로 떳떳하지 못한 행위는 타인 시선으로부터 숨기는 것이 본능적 생존 방식이다. 이 본능을 누구인들 막아낼 수 있겠는가. 원초 본능을 인정하고 바람직한 방식으로 유도하는 게 사회 안녕과 질서를 위해 필요하지 않겠는가. 곰팡이는 햇볕에 노출해야 막을 수 있다. 흡연을 교육 기관에서 가르치면 될 일이다. 서양 어떤 나라는 마약을 자유화하고 국가에서 이를 공급하였더니 관련 범죄가 줄었다고 들었다. 쉬쉬하던 성性을 적당한 연령 때부터 우리도 이젠 교육하고 있지 않은가. 흡연이라고 이렇게 못할 이유가 없다. 바람직한 흡연과 뒤처리에 대해서. 중독 수준에 이른 애연가에게 뒤늦게 금연 교육만 할 게 아니라, 아예 흡연 조기교육을 시행하면 어떨까? 집 앞 골목길 꽁초에 매번 눈살 찌푸리다 못해 이렇게 생각해보는 지경까지 이르렀다.

청춘을 돌려다오

고등학교 시절 교과서에 민태원의 〈청춘예찬〉이란 글이 있었다. 청춘의 아름다움을 예찬한 강건체 문장으로 많은 사람이 감동하였다. 나도 예외는 아니었다. 몇 구절은 외울 정도로 입에 붙어 다녔다. 또 얼마 전엔 1990년대를 시대 배경으로 회고적 청춘 이야기가 인기를 끈 드라마도 있었다. 그보다 더 오래전엔 〈청춘을 돌려다오〉란 가요도 불렸다. 모두 청춘을 찬양하는 점이 공통점이다. 특히 청춘기가 지나 장년기나 노년기에 이른 사람은 지난 그 시절을 그리워하게 마련이다. 과거는 흘러갔지만 시련과 아픔은 생각나지 않고 좋았던 기억, 아니면 좋았다고 느끼는 것만 남아 가끔 아련한 회상에 젖거나 그 시절 떠올리며 다시 돌아가고 싶은 마음을 품게 한다. 다가올 미래는 불확실하면서 별로 희망적이지 않고 현재 삶도 그리 만족스럽지 않다면 당연히 과거를 선망하게 되는 그 심정에 충분히 동감할 수 있다.

 그러나 절대적 능력의 신이 있어 청춘을 나에게 돌려준다 해도 그걸 받을 생각은 없다. 아니면 타임머신 타고 과거로 돌아가 그 시절을 다시 시작할 수 있게 된다 해도 응하고 싶지 않다. 그러면 과거가 불만스럽지 않고 좋은 일만 그득해서 어떠한 미련이나 아쉬움이 남지 않아 그렇지 않은가 하고 짐작할 수 있겠다. 아니면 지난 시절이 너무 힘들고 고뇌의 시간으로 점철되어 다시는 당신이 기억하고 싶지 않은 것 아니냐고, 반문할 수도 있겠다. 둘 다 해당하지 않는다. 굳이 둘 중 하나를 가린다면 후자에 더욱 가깝다. 돌이켜보면 내 청춘기는 좋은 것보다 그렇지 않은 것이 더욱 많았던 시절이었다. 아마 다시 그때로 돌아간다 해도 그것은 달라지지 않을 가능성이 더 크다. 단순히 시간만 뒤로 돌린다고 근본이 다시 환골탈태하지 않은 나와 그 시대가 있는 한 대동소이할 것이기 때문이다. 길고 어두운 터널을 간신히 뚫고 지나왔는데 다시 들어가라는 것과 다름없다.

 청소년기에 부모를 모두 잃었다. 사춘기를 어찌 넘어갔는지도 몰랐다. 부모를 차례로 떠나보낸 슬픔은 질풍노도 시기를 마음 한구석에 배양할 수 없었다. 어머니가 더욱 그리워 친구 어머니를 마음에 품으며 그리움을 삭여내기도 했다. 배고픔의 시련은 아픈 배를 움켜쥐고 냉수 들이키며 견뎌내곤 했다. 마음속 추위는 〈성냥팔이 소녀〉처럼 동화책 속 환상으로 달랬다. 살다 보니 서산 넘어 해지듯 하나둘씩 희미하게 하늘 저편 어둠으로 민생고는 사라져갔다. 어둠 속에서 달도 떠오르고 별도 하나둘 보이기 시작했다. 한 해 두 해 세월 따라 흐르다 보니 어느 사이 우리나라도 달라져 있었다. 경제 수준은 세계 10위권에 들었다 하고 국민소득은 2만 불을 넘어 머지않아 3만 불을 넘어서리라 한다. 단군 이래 조상이 겪었던 절대 빈곤을 넘어서 이제는 상대적 빈곤을 걱정하는 시대가 되었다. 지난 시절보다 좋은 환경에서 살아가는 사람이 아주 많은 세상이다. 그렇기에 아마도 과거 시절로 돌아가기를 원하는 사람은 별로 없을 거란 생각이다.

  개인적 빈곤과 간난에서 벗어나려고 그동안 땀내 나는 옷을 입고 살아왔다. 이 사회가 물질이 풍성해지고 환경도 살기 좋은 곳으로 변하고 발전하는데 따로 한 일이 별로 없다. 앞에 펼친 어려움을 벗어나려고 발버둥 친 것밖에 없는데 지나간 시기에 견주어 이렇게 확연히 달라진 생활을 할 수 있다는 사실이 그저 감사하기 짝이 없다. 이 감사함을 마음에 새기고 살면서 지난날 떠올리며 오늘을 충실하게 보내려 할 뿐 과거로 돌아가고 싶지 않다. 나에겐 그저 〈과거는 흘러갔다〉란 대중가요로만 기억하고 싶을 뿐이다. 구름이 간혹 가리기는 해도 태양은 늘 머리 위에 있다. 그러하기에 흘러간 과거를 연민으로 바라보거나 현실의 불만 도피처로 지나버린 시절, 청춘기로 돌아갈 마음은 없다. 정녕 청춘을 돌려받고 싶지 않다. 내일 설혹 난관이 닥친다고 해도 이대로 앞으로 나아갈망정 후진은 하지 않겠다. 구름이 모여 비를 내리기도 하고 폭설을 쏟아붓기도 한다. 비는 가리거나 피하면 되고 눈은 치우면 되니 크게 두렵거나 힘들지 않다. 아무리 그것이 가는 길을 가로막는대도 태양이 저 높이 떠 있기에 절망하거나 겁내지 않는다.

새벽이 좋다

 눈을 뜬다. 방 안은 아직 어둠 속에 잠겨 있다. 옆자리 아내도 깊은 잠에 빠진 듯 숨소리 고르다. 아무쪼록 평안한 잠이길 바라며 자리에서 빠져나온다. 시계를 보니 해가 출근할 시간은 아직 멀다. 새들도 따스한 둥지의 안락에 안겨 있나 보다. 사람이나 동물도 일터로 나서기 전 생의 피로를 풀기 좋은 시간일 터. 뒷담 너머 수녀원 종소리도 들리지 않는다. 주위 모두 잠들어 있고 나만 깨어난 새벽이다.

 새벽에도 할 일 있어 좋다. 번잡하고 소란한 낮보다 한결 집중이 잘 된다. 신문 읽기에도 편안하고 책상에 앉아 일기장을 펼치거나 글쓰기에도 제격이다. 어제 읽다 펼쳐 놓은 글도 눈길 끈다. 창가 화분 식구에게 안부도 물어본다. 밤새 그들은 어떤 시간을 보냈는지 잠시 궁금해 다가간다. 아직 명상에 잠겨 있는지 본체만체한다. 유치환 시구처럼 사랑받기보다 사랑하는 것이 행복하다는 말이 맞는 순간이다. 두루두루 여유로운 새벽이 안아주는 안일함이 좋다.

글 쓰는 새벽 시간을 좋아한다. 세상 관심과 간섭 벗어나 오로지 내면에 침잠해 괜찮은 단어를 잡아다 문장으로 묶기 좋다. 줄지어 기다리던 단어들이 내 간택에 환호하며 뛰어나올 때 주인 노릇을 맘대로 할 수 있어 좋다. 다른 시간에 그들은 꾀부리고 억지 생떼를 쓰면서 따라오지 않아 애 먹인다. 한창 바쁠 때는 거드름까지 피우며 게을러 속마저 태우기도 하는데, 새벽 단어 노동 시장에는 맘대로 그들을 골라잡을 수 있어 신난다. 그들도 이 시각에 선택받지 못하면 종일 일거리 없어 힘들다는 것을 진작 깨우쳤나 보다.

상쾌한 기분으로 시작하는 새벽 일터는 능률이 아주 잘 오른다. 단어 일꾼과 문장 십장什長이 협조만 잘 해주면 글집 한 채의 골조도 후딱 올리게 만든다. 골조가 단단하게 굳고 여기에 사유 배관을 조정하고 색색 수사 도배지로 내부 인테리어 공사를 추가하려면 며칠은 더 걸린다. 새벽 공사가 잘되면 그들을 일찍 쉬게 하고 간혹 낮잠도 허용할 만큼 내 인심도 후해진다. 한두 채 짓고 말 사업이 아니니 그들 환심을 처음부터 얻어놓지 않으면 어렵다. 이 길로 전업한 지 얼마 안 되지만 그 정도 눈치는 있다. 유사 사업을 얼마간 해본 노하우다.

누군가 새로운 사업을 구상하려면 새벽에 나서 보길 권한다. 오로지 혼자만의 대화에 전념하기 좋다. 창의創意 샘물은 새벽에 더욱 힘차게 솟아난다고 할까. 밤새 고인 피곤한 시간은 흘러가고 생기발랄한 피가 활발히 돌기 좋은 시간이어 그럴 거다. 몸 쓰는 근력 일이 아니라면 내면 응시가 필요한 사람이면 사색의 고리를 지어야 할 일이면 새벽은 자신을 아낌없이 내어준다. 새벽은 이 사람들을 사랑하기 위해 태어난 걸까? 어머니가 간절한 기도를 드릴 때 이 시간을 택하는 것도 아마 이런 이유일 것이다. 새벽이 기꺼이 자신을 내놓을 때 맘껏 그를 사랑할 수 있는 것도 행복한 일이다.

노년이 다가오면 잠이 없어진다고 한다. 새벽에 일찍 깨는 것을 보면 나도 노년이 틀림없다. 노년이라 일찍 일어났는데 할 일마저 없다면 얼마나 허전할까. 공간이 지배하는 시간에는 유난히 소리가 크게 들리게 마련이다. 아직 깊이 잠든 식구가 있다면 그를 방해하기 쉽다. 새벽에 깨는 것이 누군가에게 해롭다면 이건 피해야 할 일이다. 그런데 식구들

모르게 새벽에 일할 수 있다는 건 얼마나 다행인가. 생동감이 출렁대는 새벽을 나는 마냥 좋아한다.

이발소

 설을 앞두고 아버지를 따라갔을 거다. 충청남도 홍성에서 서산으로 오가는 찻길 사이 삼거리에 있는 이발소다. 집 마루에서 방향만 맞으면 넘겨다볼 거리지만 어린애 걸음으로 한참 걸어가야 했을 터다. 예배당이 길 너머 밭 가운데 보이고 효자각인가 열녀각이던가 기와 올린 건물을 지나 야트막한 비탈길 위에 있던 집, 그 옆 방앗간도 이웃으로 어깨를 기대고 서 있던 곳. 유리문 밀고 들어가면 이발소 의자가 보인다. 판때기를 걸쳐놓고 그 위에 앉는다. 금속 표면의 냉기가 낯설고 근질대는 감촉은 얼굴의 고정을 방해한다. 조수로 나선 아버지는 짱구 머리통을 꽉 잡고 아저씨는 얼러가면서 상고머리로 다듬는다.
 미용실에 가 앉으면 곱상하게 늙은 할머니표 아주머니가 다가선다. 거울 앞에 앉으면 보자기를 목 주위에 두르고 머리를 자르기 시작한다. 바리깡으로 긴 머리털을 돌며 깎은 뒤 빗으로 빗겨 가며 가위로 다듬는다. 잘린 머리카락을 솔로 털어내고 보자기를 벗긴다. 조금 전까지 한 몸이었는데 이별이 이렇게 쉬울 줄이야. 삶의 경계를 벗어나는 것도 어쩌면 한순간일까. 짜르르 통증이 머리를 찌른 듯 멈칫 고갤 든다. 말쑥해진 얼굴이 거울에 비친다.

전에도 몇 번 미용실에서 머리 자른 적이 있지만 이곳에 이사 온 뒤로는 한 5년 이발소를 이용했다. 오래된 이발소였는데 부부가 운영했다. 남편은 머리를 자르고 감겨주었다. 부인은 면도하고 마사지 크림을 바른 뒤 종이 팩도 얼굴에 붙여주었다. 귓속도 파주고 코털도 잘라 주었다. 그곳을 다녀오면 말끔하게 달라졌다. 솜씨가 좋아서 맘에 들었는데 이발소 수입이 부족했는지 음식점을 열었다가 얼마 안 되어 접고 없어졌다. 좀 더 자주 들러 소득을 조금이라도 더 올려줄 걸 뒤늦은 후회가 밀려왔다. 어디에서 머리를 잘라야 하나 걱정이 벌칙처럼 다가왔다. 있을 때 잘하지, 라는 말도 때맞추어 생각났다.

이발소 맞은편에 미용실이 있다. 이발소에 다닐 때는 풍경으로만 서 있던 미용실이다. 멀리까지 이발소를 찾아갈까 망설이다 자포자기하는 심정으로 문 열고 들어간다. 늙수그레한 할머니가 웃음으로 맞아준다. 면도도 없고 물론 머리도 감겨주지 않는다. 이발소보다 값은 헐하지만 부가 서비스 없는 게 아쉽다. 오직 머리칼 자르고 다듬는 실용으로만 존재한다. 조선 후기에 주창했던 실학이 실현되는 현장이다. 어찌 배만 부르려고 밥을 먹어야 한단 말인가.

소년 시절엔 대부분 이발소에 여자 면도사가 있었다. 여자만 미용실을 이용하던 시절. 여탕처럼 그곳은 금남의 집이요, 풍경으로만 자리했다. 면도사가 낯가죽을 어루만지면서 면도해주었다. 그럴 때마다 정직한 젊은 몸은 즉각 반응했다. 자갈도 소화시킨다던 그때, 피는 얼마나 뜨겁게 끓었던가. 그걸 들키지 않으려고 숨을 가다듬었다. 유교적 도덕관이 얼굴을 붉게 물들였다. 고역이고 시련이었으나 다른 수가 없었다. 면도가 끝난 뒤에 그녀 얼굴을 바로 보지 못했다. 매번 이발소를 들를 때마다 치르는 짜릿한 홍역이었다.

미용실은 이제 여자만 찾는 곳이 아니다. 글자 그대로 얼굴을 아름답게 가꾸는 곳으로 남녀노소 구별이 사라진 지 꽤 오래다. 남자만 드나들던 이발소는 하나둘 사라져 간다. 아파트가 주거 일반형으로 자리 잡아가면서 골목에 흔하던 목욕탕도 하나둘 사라져 가듯 찜질방이라는 변종 목욕업으로 바뀌어 간다. 공중전화기는 휴대용이 생기면서 찾아보기 힘들어진다. 휴대폰 문자와 이메일이 보편화되면서 자필 편지를 부치는 사람이 줄어선지 역시 우체통 발견하기 어렵다. 밤새워 연서를 써도 이젠 부칠 데가 없다. 우체통 찾아가던 그 설렘을 어디 가서 찾아야 하는지?

하나둘씩 친근하던 것이 눈앞에서 연기처럼 사라져간다. 눈에 안 띄게 사라지고 변하는 것이야 막을 수 없겠지만 그들과 함께했던 기억과 추억도 저 하늘 멀리 흩어져버린다. 떠나가는 기억 따라 삶의 한 덩어리가 뭉텅뭉텅 잘려 나간다. 모르는 새 얼굴에 패는 주름살처럼 인생이 조금씩 쪼그라들어간다. 생의 물기가 말라가는 걸 먼 산 바라보듯 보고만 있다.

사라져가는 것이 어디 이발소뿐이랴. 나 또한 어느 날 머리칼 떨어져 가듯 사라지리라. 살다 간 흔적이 사라지면서 나를 기억하던 마음도 함께 떠날 것이다. 언젠가는 모든 것이 소멸하겠지만 오랫동안 남아있고 싶다. 많은 것이 변해버린 고향도 옛날 흔적을 찾아내 반갑고 기쁘게 바라볼 수 있기를 바라듯 내 삶도 먼 훗날까지 기억되면 좋겠다. 이 바람으로 나는 글을 쓴다. 사라지는 것을 안타까워하는 마음 담아서 오늘도 쓰고 내일도 또 쓸 것이다. 삶이 흐르는 한….

으악새 슬피 우니

고복수가 부른 '짝사랑'은 널리 알려진 흘러간 노래다. 노랫말 중에 "아~ 아~, 으악새 슬피 우니 가을인가요."가 특별하다. 으악새와 가을의 연상, '으악새'가 억새 풀이라는 건 노래를 알고 나서도 한참 뒤에 알았다. 슬피 운다 했으니 당연히 새인 줄로만 알고 노랠 즐겨 불렀다.

억새와 갈대는 생김새가 다르나 가을 풍경의 주인공이라는 점에선 유사하다. 갈대 역시 노래에서 자주 불린다. 박일남이 불러 유명해진 "사나이 우는 마음을 그 누가 아랴, 바람에 흔들리는 갈대의 순정"이란 노래도 꽤 알려져 당시 인기 가요였다.

이미 대중에게 가요로도 잘 알려진 억새와 갈대는 가을 상징 이미지가 겹치긴 하지만 다른 건 없을까 모르겠다. 노래에서처럼 억새는 짝사랑 이미지라면, 갈대는 순정 심상인가 싶기도 하다. 순정과 짝사랑도 내면 심리는 흡사하나 지향하는 바는 다른 게 있을 터. 같은 듯 다른 둘은 노래에서 불리는 것처럼 표상表象이 분명히 다르지 않은가.

억새 줄기는 원기둥 모양이고 약간 굵다. 가을 무렵에 줄기 끝에서 산방꽃차례를 이루어 작은 이삭이 빽빽이 달린다. 갈대 줄기는 거칠고 크며 길게 가로 뻗는다. 습지나 갯가, 호수 주변 모래땅에 군락을 이루고 자란다. 백과사전에서 보자면, 억새와 갈대는 다른 식물인 게 확실하다.

갈대는 고개를 숙이고 매달린 이삭이 작은 열매처럼 보인다. 달린 무게로 목을 꺾고 있다. 바람이라도 세게 불면 줄기가 부러질 것 같지만 쉬 꺾이지 않는다. 보고 있자면 아줌마 한 무리가 모여 수군대는 수다가 떠오른다. 쓸모도 없는데 그칠 줄 모른다. 한번 시작하면 정지할 줄 모른다. 슬쩍 곁에서 들어보면 알맹이는 별반 없다. 애초 품은 소녀 순정純情은 삶의 물결 따라 멀리 보내고 일상 푸념만 남았나 보다. 세월 바람에 지지 않으려 앙버티는 게 저물녘 갈대를 보는 듯 안쓰럽다.

억새는 아가씨의 짝사랑 하소연이 생각나게 한다. 닿으려고 손을 뻗쳐보아도 결코 이룰 수 없는 가녀린 애절함이 묻어난다. 하얀 솜털이 바람이 흔들리면 하늘하늘 스카프로 얼굴 홍조를 가리려 돌아선 모습이다. 가슴에 차오르는 사랑의 감정이 바람에 날아갈까 봐 입술을 꼭 다물고 있는 것처럼, 더욱이 호젓한 산길 모퉁이에서 억새를 만나면 짝사랑을 들킬까 봐 부끄러워 숨은 듯 뭉클하다.

억새를 보고 있자면 짝사랑의 은밀한 설렘을 느낀다. 억새 밭이 무연히 펼쳐진 곳은 가냘픈 순수함이 사라져 버린 듯 허전하다. 남몰래 짝사랑하던 꿈속 그녀를 번잡한 시장통 구석, 입술에 뻘건 국물을 묻히고 떡볶이를 먹고 있는 걸 본 듯, 순정順貞한 짝사랑이 폭풍에 날아간 것처럼 당황스럽다. 억새는 산 길가 한 모퉁이에 작은 무리로 숨어 있다가 지나는 길손이 우연히 발견해야 참맛이 난다.

갈대는 잊힌 첫사랑 추억을 생각나게 한다. 청년 시절 남산 길을 걸어 내려오다 그녀 손을 맞잡은 손바닥에선 땀이 흥건했다. 풍성하게 달린 갈대 이삭은 그 시절 흥분을 불러온다. 추억은 달콤하나 그녀가 떠난 현실은 고개가 꺾인 갈대처럼 바람에 버티는 모습은 힘겹다. 첫사랑은 떠나도 삶은 이어가야 하듯 바람 따라 서걱대는 해안가 갯고랑 갈대를 보면 하루하루 삶을 보는 듯 정녕 고단해 보인다.

억새는 산에서 마을을 내려다보는 바람결 조망에 어울린다. 산에서 살아서일까. 지상에서 하늘로 향하는 상승 이미지랄까, 유동적이고 불안한 설렘을 느낀다. 아가씨의 정처없는 마음 갈등과 닮았다. 심란心亂은 하나씩 바람에 날려 보내고 가벼운 몸으로 다음 해를 맞이하면 어떨까. 억새에 주고 싶은 충고 한말씀 있다면 이것이다. 가붓한 억새를 품고 싶다, 저무는 가을날엔.

갈대는 강가나 바닷가 물결을 고개 숙여 내려다본다. 낮은 물가에 자리 잡아서일까. 되돌아보는 하강 이미지다. 삶의 여유가 묻어나는 중년 고집이나 따분함을 읽게 한다. 바람처럼 멀리 떠나고 싶다가도 붙안고 있는 현실이 무거워 그 매무새일까. 고개를 숙이고 숙고하는 듯한 이유를 갈대와 도란도란 얘기하고 싶다, 쓸쓸한 가을엔.

억새가 미래 소망을 향한 염원이라면, 갈대는 과거 미련에 대한 회한이다. 억새는 바람에 날아가기 가볍다. 바람과 다투려 하지도 않는다. 소망을 이루려면 심신을 가벼이 놀려야 하듯 욕심의 고단한 무게를 줄여야 한다. 줄어든 욕정만큼 미래로 날아가기 쉽기 마련이다. 버려야 할 과거를 집착처럼 달고 있듯 이삭에 늘어진 갈대는 힘겹다 못해 짠하다. 미련이 달라붙고 회한을 아직 마음에 담아두어 그런가 보다.

　억새와 갈대를 보면 세상은 같은 듯 다른, 삶의 연속이란 걸 깨우치게 한다. 그들을 만날 땐 다가올 인생 겨울을 예비하는 마음을 품는 것도 좋겠다. 순정은 사라졌고, 짝사랑 열정은 희미해졌을지라도 아련한 추억만은 가슴에 담아두어야 하지 않겠는가.

퇴짜 맞다

 올해 정초에 일어난 일이다. 수필계 지인들과 만나는 자리였다. 요즘엔 사람이 만나면 밥 먹고 찻집으로 장소를 옮기는 일이 흔하다. 그날도 우리는 2차가 카페였다. 첫 번째 간 아나키스트적 분위기가 물씬한 찻집 문 앞에서 일행은 퇴짜 맞았다. 늙수그레한 대여섯 남녀가 몰려드니 젊은 패들이 주류인 분위기에 물(?) 흐릴까 봐 그런지 빈자리가 있는 데도 입장 불가였다.

 젊은 시절 어떤 여자한테도 퇴짜 맞은 일이 있었다. 친구 소개로 알게 된 동그란 얼굴에 말간 피부가 빛나던 통통한 여자였다. 엽서를 자주 보내며 두근대는 마음을 전달하려 애를 태웠다. 친구가 귀띔 해줘 지방 직장으로 내려가는 그녀가 탄 기차까지 동승하여 매달려보았으나, 시골 역사에서 날밤을 새우게 하곤 나를 던져버렸다. 타지의 낯선 땅 밤바람에 열기를 식혀 보내기엔 청춘의 피는 너무 뜨거워 아팠다. 그 뒤에도 몇 번 더 여자들에게 유사한 퇴짜를 맛보았다.

  그들도 퇴짜 놓았다. 시간 강사 시절에 전임 교수 자리 구하려고 여기저기 이력서를 들이밀고 다녔다. 서류 심사를 거쳐서 최종 면접까지는 불렀다. 희망을 품에 안고 충청도에도 내려갔고, 부산에도 찾아갔다. 혹시나 이번에는 부를까 기다렸는데, 결국 끝에 이르러 다음 기회에 보자 했다. 수년 동안 반복하여 그런 일을 겪었다. 자주 그러다 보니 이력이 날 만큼 길이 들어갔다. 이 길은 가망 없어 보여 그만 단념할까 하고 맘을 추스르다가 지금 직장에서 끝을 보았다. 퇴짜 시절이 저무는가 싶었다.

  그런데 아니었다. 수필 문단에 발을 들여놓을 때도 여러 차례 퇴짜 맞았다. 초회 추천은 한 번으로 넘어갔다. 이어진 완료 추천에선 번번이 탈락했다. 생업에 바쁜데 그것에만 매달릴 수 없어 포기했다. 세월이 10여 년 지난 뒤에 다시 얼굴을 들이밀었다. 반갑지도 않은지 여전히 외면했다. 한두 번도 아니고 연속된 거부에 점차 지쳐갔다. 홀로 짝사랑으로 끝날지도 알 수 없었다. 짝사랑 시작은 달콤했으나 결말은 늘 가슴 아리게 하듯, 그렇게 막을 내릴 뻔했다. 자주 맞던 퇴짜지만 이번에는 그냥 넘어가지 않고 매달렸다. 겨우 문턱을 넘어섰다.

돌이켜보면 을로만 당하며 살았을까. 갑을 관계란 역전되듯 퇴짜 놓은 적이 있었다. 큰누이 처지로는 매우 고가였을 일제 란도셀 책가방을 한사코 밀어냈다. 서울에 단신으로 올라가 공장에 다니면서 힘겹게 마련했을 설 선물이었다. 그 시절 시오리 넘던 길을 보자기로 책을 둘둘 말아 끼고 학교에 오가던 촌놈에겐 가당치 않은 물건이었다. 또래들이 놀릴까 봐 겁을 냈을 터였다. 가출하다시피 집을 뛰쳐나가서 막무가내로 거부하였다. 서울로 이사 와선 아버지가 사 온 신상품 삼각빤스에도 고갤 돌렸다. 모처럼 보인 부성애를 단식까지 하며 던져버렸다.

알음으로 만나던 여자에게 퇴짜 놓았다. 그녀와는 입맞춤까지 이어졌고, 집에 가서 부모한테도 인사를 건넨 사이였다. 누이에게도 선을 보였고 동생과 살던 집에도 왔었다. 그런데 어느 날 밤 끝내자는 편지를 써서 보냈다. 어찌어찌 한 번 더 만나서 받았던 만년필 선물까지 돌려주며 마침표를 찍었다. 그녀를 밀어낸 진짜 이유가 무엇이었을까. 당시나 지금이나 분명하고 합리적 이유는 모르겠다. 서로 인연이 아니었다는 상투적 말로 넘어갈밖에. 그 뒤에 두어 명 여자에게도 비슷한 일을 저질렀다.

교수로 살아오면서 여러 번 다양한 방식으로 퇴짜 놓았다. 휴학원을 들고 온 학생에게 사유가 적절하지 않다고 돌려보냈다. 졸업 논문을 제대로 쓰지 못하였다고 통과시키지 않았다. 학자들 논문을 심사하면서 문제 있다고 학술지 게재 여부에 불가 표시했다. 이곳저곳 이 일 저 일 하면서 그동안 수도 없이 퇴짜를 놓으며 지내왔다. 퇴짜 맞은 사연에 분풀이하듯 알게 모르게 퇴짜 많이 놓는 일에 더 익숙하게 살아왔다.

그런데 엉겁결에 신년 벽두부터 찻집에서 퇴짜 맞고 보니 새벽 찬바람처럼 선득했다. 이런 일을 앞으로 더 자주 겪게 될지도 모를 일이다. 머지않아 직장에서도 그럴 것이고, 이것저것으로부터 하나둘씩 맞이하게 될 것이다. 산다는 것은 결국 누군가에게 퇴짜 맞고 놓는 연속선 위에 놓인 게 아닐까. 이건 어쩌면 인생살이 필수 쿠폰이라 해도 멀리 빗나가지 않을 듯싶다. 모름지기 마지막 퇴짜는 공평하게 이 세상으로부터 맞는 게 분명할 터. 그것만은 누구도 피할 수 없을 것이지만 이왕이면 아주 늦게 찾아오면 좋겠다.